HÁ SOL NA SOLIDÃO

© Fred Elboni, 2023

Edição e coordenação
Clarissa Oliveira

Consultoria editorial
Horacio Corral – Negócios Literários

Copidesque
Michele Gerhardt MacCulloch

Ilustrações de capa e miolo
Valentina Fraiz

Design de capa e miolo
Tiago Della Rosa

Revisão
Daniele Debora de Souza

Dados Internacionais de Catalogação na Publicação (CIP)
(Câmara Brasileira do Livro, SP, Brasil)
Aline Graziele Benitez – Bibliotecária – CRB-1/3129

Elboni, Fred

Há sol na solidão : como abraçar o vazio e gostar da própria companhia / Fred Elboni. – Blumenau, SC : EOH, 2023.

ISBN 978-65-85044-06-6

1. Amor próprio 2. Autoconhecimento (Psicologia) 3. Autoaceitação 4. Relações humanas 5. Solidão I. Título.

23-182865   CDD-158.1

Índice para catálogo sistemático:

1. Autoconhecimento : Psicologia aplicada   158.1

HÁ SOL NA SOLIDÃO

COMO ABRAÇAR O VAZIO E GOSTAR DA PRÓPRIA COMPANHIA

FRED ELBONI

Dedico este livro a todos que, com amor e respeito, souberam respeitar a minha solidão nos momentos mais importantes da minha vida.

Você já olhou para a poeira dançando nos raios do sol?
Como ela brilha como flocos de ouro?
Talvez seja essa a verdadeira alquimia.
Não mudar o que algo é,
mas enxergá-lo em outra luz.

L.E. BOWMAN

Introdução

Por que resolvi escrever sobre solidão 13

Parte 1

Sol de inverno **16**
O território soturno da solidão 19

    Na terra sem sol 23
    Dias tristes 27
    Sobressaltos 29
    A solidão é uma fuga? 31
    O silêncio e a cura 33
    A espera 37
    Tristeza ou desconforto? 39
    O silêncio é uma floresta escura 41
    A cor da solidão 43
    Intuição 47

Parte 2

Sol de primavera **50**
Tudo o que floresce em nossos momentos a sós 53

    Um espaço só meu 57
    Introversão 59
    Serenando-me 61
    A inexorável solidão de quem ousa ser autêntico 63
    Na solidão, somos livres 65
    Sozinho para criar 69
    Arte, solidão, cuidado e conexão 71
    Reencontrar-se 77
    Grão 79
    Uma amiga sincera 81

Parte 3

Sol de verão — 84
A dádiva de estar bem na própria pele — 87

- Hoje ouvi palavras que parecem ter vindo dos céus — 91
- Um doce devaneio — 93
- Quanto vale um instante de pura conexão? — 95
- Sobre amores que partiram — 99
- Base segura — 101
- Uma escolha diária — 105
- Sede de mudança — 107
- O que sempre fica para depois — 111
- Tesouro escondido — 113
- A alma quer brincar — 115
- Felicidade com F maiúsculo — 117

Parte 4

Sol de outono — 122
É solitário escolher o que deixar morrer — 125

- Domingo à noite — 129
- Preenchendo o vazio — 131
- No silêncio, nossa luz pode brilhar — 133
- Não quero saber que deixei de ser amado — 135
- Amar ou não me amar? — 139
- A paz virou minha bússola — 141
- Visitando o passado — 143
- Buscando sentido — 145
- Triagem do coração — 147
- Onde fica o caminho da paz? — 151
- O peso das mágoas passadas — 153
- Meu universo particular — 155

Uma última mensagem — 161
Referências — 163

Introdução
Por que resolvi escrever sobre solidão

Desde que comecei a publicar livros, nunca havia ficado tanto tempo sem escrever. Nos últimos anos, passei por muito sofrimento e o fiz em silêncio – em parte por conta da pandemia, em parte por ser o meu jeito mesmo. Recolher-me para dar voz ao meu sofrimento faz parte do meu processo de reorganização mental e emocional. Poucas pessoas me viram em companhia das grandes tristezas, mas elas eram minhas vizinhas, e, pior, daquelas que começam a fazer barulho logo cedo.

Lembro de todas as noites, e foram muitas, em que chorei no escuro da minha cadeira do escritório, tentando entender o porquê de estar vivendo aquela situação; noites em que tive que me olhar no espelho com a mesma roupa há dias e abraçar a minha verdade, por mais que ninguém quisesse me ouvir; das pressões que sofri e das respostas às pressas que precisei dar a quem me via como um número, uma notícia a ser contada. O diz-que-me-diz proferido por bocas que buscavam atenção e aplausos foi muito além do que eu poderia imaginar. O único jeito era me retrair ainda mais dentro do meu casulo.

Confesso que fui pego de surpresa pelo tempo que o sofrimento escolheu ficar hospedado em mim. Não foram semanas ou meses, mas anos. Alguns momentos foram mais sombrios, outros, mais agridoces. Todos eram povoados por uma grande e abrangente solidão ou, como muitos gostam de dizer, solitude – embora eu ache a palavra sem sal, confesso. Prefiro a solidez e a gravidade da palavra original. Solidão.

Ao longo de todo este processo, fiquei sozinho por opção minha, porque precisava da solidão para conseguir transformar grão de areia em pérola. Na dor eu preciso de espaço, pois meus pensamentos mais parecem pessoas, se cotovelando para serem ouvidos. Neste espaço, eu refleti, me acolhi e – já que ninguém podia fazer isso por mim – perdoei o que precisava ser perdoado. Abri mão de ressentimentos que eram, eu sei, uma forma de autopunição. E de vizinhos inoportunos já me bastam alguns dos meus pensamentos.

Viajei dentro do meu interior como nunca havia feito. Um mergulho ora turbulento, ora calmo, e do qual muitas vezes achei que não conseguiria sair. Mas, passados três anos, acho que posso dizer que fiz a travessia. Não ileso, porque nunca saímos ilesos das pancadas da vida, nem das aventuras, mas fortalecido, mais maduro e com bastante a compartilhar sobre esse estado tão temido e incompreendido que chamamos de solidão.

Este livro é o resultado dessa noite escura da alma que, assim como eu, tantos atravessam, seja depois de uma decepção amorosa, de uma perda significativa ou de um trauma. Assim como as emoções que estão sempre em movimento, física e simbolicamente, a solidão é também um estado mutante. Ela pode ser amarga ou doce, pode nos impulsionar ao isolamento ou à conexão, pode nos visitar na noite escura ou num momento de pura alegria.

O propósito deste livro é celebrar as muitas faces da solidão, das mais soturnas às mais leves. Porque, em última instância, é a capacidade de suportar a nossa própria companhia que determina não apenas a nossa relação com nós mesmos, como também a qualidade e a profundidade dos nossos relacionamentos.

Espero que estes textos te encorajem a fazer da sua solidão uma boa companhia.

Parte 1

Sol de inverno

*E no meio de um inverno,
eu finalmente aprendi que
havia dentro de mim
um verão invencível.*

Albert Camus

O território soturno da solidão

Quando pensamos em solidão, é o aspecto invernal que prevalece. Se estivéssemos jogando um jogo e nos pedissem para escolher um personagem da Disney para representar a solidão, provavelmente escolheríamos a Elsa, de *Frozen*, ou a Tristeza, de *Divertida Mente*. Sentir-se só é perceber-se isolado do resto do mundo, como Elsa, num território repleto de perigos. Na solidão, a personagem principal é a Tristeza, aquela que teima em dar as caras mesmo quando o mundo externo oferece motivos para alegria e diversão.

Não dá para falar sobre solidão sem falar desse território aparentemente inóspito em que o sol pouco aparece. O estado solitário é frio, ermo e pode ser sombrio. Aristóteles, pai da filosofia ocidental, disse: "quem encontra prazer na solidão, ou é fera selvagem ou é Deus". Certamente, ele estava se referindo a esse aspecto melancólico e soturno da solidão, que de agradável não tem nada. Ninguém quer se sentir triste, isolado, incompleto, incompreendido. Mas a verdade é que experimentar esse estado de desconexão faz parte da vida, e tentar se esquivar disso pode não ser tão interessante assim.

Ao contrário do que você possa imaginar, não vou tentar convencê-lo de que não há tristeza e vazio na solidão. Porque com certeza há. Eu diria, inclusive, que essas sensações dolorosas são praticamente pré-requisitos para a solidão. O que quero, sim, propor é que a tristeza e o vazio não são, necessariamente, problemas. A angústia existencial, a percepção de isolamento e desamparo, a falta de vontade de sair de casa são vivências universais da experiência humana. A solidão não é, por princípio, um problema a ser eliminado. Quem não se sente só ou triste de vez em quando, ou mesmo com certa frequência, ou está muito desconectado das próprias emoções ou não é humano.

Para além do pragmatismo de reconhecer que o sofrimento é inevitável (como já nos disseram os budistas), eu vou além. Acredito que, nesse território inóspito, há um grande tesouro a ser encontrado. Assim como o frio reduz a velocidade das partículas – transformando água em gelo, por exemplo –, o aspecto invernal da solidão nos força a desacelerar e a parar. Como uma noite chuvosa, a solidão nos convida a ficar dentro de casa – e de nós mesmos. Em tempos tão frenéticos, em que muitos não conseguem usar a razão para parar quietos e descansar, talvez possamos enxergar a solidão como uma força protetora. Por conta dela, pausamos. Longe de tudo, no silêncio da noite, reviramos o passado, choramos dores e encaramos, enfim, aquele vazio que faz parte de nós, queiramos ou não. É um trabalho ingrato, e invisível, porém necessário para nosso bem-estar emocional (e até para nossa saúde como um todo).

O filme *Divertida Mente* nos ensina que a Tristeza é fundamental. Ela nos mostra o que é importante para nós. Porque, muitas vezes, precisamos perder algo para realmente ter consciência do seu valor. É quando está frio que apreciamos o reconfortante calor da nossa casa. É na fome que desfrutamos do prazer de comer. É na tristeza que refletimos sobre o que realmente precisamos para ser feliz. E sobre o que realmente tem valor e sentido.

Os textos a seguir exploram e celebram esse território soturno, na esperança de mostrar que são lugares que valem a pena visitar. Não porque são agradáveis, mas porque fazem bem para a alma.

Na terra sem sol

Dois meses antes da Pandemia de 2020, fui conhecer a cidade mais ao norte do mundo, Longyearbyen, a capital de Svalbard, um arquipélago que pertence à Noruega. Nessa terra distante e erma, a população de ursos polares é do mesmo tamanho que a população de humanos: 3 mil.

Nas duas semanas que passei em Svalbard, não tive qualquer contato com o sol. Estávamos em pleno inverno, no extremo norte do planeta, então dormíamos e acordávamos em completa escuridão. Não havia luz do dia; o sol não estava lá para guiar e suscitar os nossos passos. Se a solidão me parecia uma companheira de longa data, nessa viagem, ela quase se materializou ao meu lado.

Não havia como ouvir música, pois os fones congelavam em minutos, e os meus óculos, feitos de metal, congelavam e queimavam o meu rosto. Se, em casa, as minhas companhias favoritas eram as músicas que ouvia durante o dia, o pôr do sol e a escrita dos meus livros e textos, em Svalbard, o escuro, o vento e o frio foram meus únicos companheiros.

A natureza nos obriga a meditar. E quando digo meditar, não estou falando de posturas em posição de lótus ou silêncios ininterruptos, mas de como ela nos força a estar no presente. Ela está no controle e nós somos somente passageiros naquelas enormes e eternas geleiras. Em Svalbard, no breu do inverno, os olhos enxergam muito mais longe. A gente se sente tão pequeno diante dessa vastidão, dessa grandeza. Ao mesmo tempo, as experiências são tão incríveis que são impossíveis de captar em fotos ou em palavras. Traz uma sensação tão grande de gratidão, de privilégio por estar ali, testemunhando esse cenário, que chega a ser difícil de expressar.

Já estive em lugares menos hostis que nunca me trouxeram tanta paz. A paz é um navegar da mente, não uma fuga dos problemas, mas uma aceitação de como eles são o que são. A paz que senti não foi por estar longe dos problemas, mas por ter um encontro cristalino com eles.

Quanto ao silêncio, no gelo, a falta de som é absoluta. A ilha de Spitsbergen é 60% gelo permanente e, embaixo do solo, há uma camada chamada permafrost, que não permite que nenhuma planta cresça. Não tem árvores lá. Não tem barulhos de plantas, do farfalhar das folhas, de pássaros. É só o barulho agudo da neve em contato com os sapatos. É uma neve seca, que nem areia, e faz um barulhinho agudo, muito característico.

Caminhando, sentindo a sensação aconchegante e solitária que o barulho de pisar na neve me traz, me fiz perguntas difíceis até aquele momento. Enquanto estamos acompanhados de um frio que ultrapassa os 30 graus abaixo de zero, os pensamentos correm para as coisas que realmente importam. Não há motivos para gastar energia pensando em coisas que habitam o raso do nosso consciente. *O que realmente importa? Quais são as minhas prioridades nesta vida? Por que perco tanta energia com pessoas que nunca se dispuseram a saber quem eu sou? Se o que está acontecendo comigo não vai afetar o mundo, então por que sofrer tanto?*

Somos parte de algo gigante, monstruoso. O medo que temos da natureza mais hostil se assemelha ao medo que temos da vida. Não se trata de enfrentá-la com sentimentos de poder ou vingança, por mais impiedosa que ela tenha sido conosco, mas de encará-la com sabedoria e humildade. O medo não é algo que precisamos vencer ou superar, mas abraçar, sem nunca deixar de caminhar.

Na beleza única daquelas enormes montanhas iluminadas pela gentil luz que a lua nos cedia, somos somente afortunados espectadores, não os protagonistas. Não há tempo para pequenezas ou grandiosidades do ego. Enquanto enfrentava os ventos fortes em caminhadas longas, eu não pensava em coisas banais como "o que as pessoas pensam sobre quem sou ou como me visto" ou "o que minha família acha da minha profissão" nem "como vejo o meu futuro e minhas metas profissionais". Toda a energia física e mental estava dedicada apenas a desbravar a natureza. Eu estava vulnerável e, ao mesmo tempo, completamente conectado com o presente.

Nada é mais sábio do que estar, de fato, presente. Dirigindo uma moto na neve, andando em alta velocidade quilômetros adentro do mar congelado, com temperaturas de -28 até -35 graus celsius (registradas no mostrador), além do vento frio, que rachava as poucas partes descobertas do meu rosto e ainda aumentava a sensação térmica – tudo num breu absoluto –, percebi como a natureza coloca tudo em perspectiva, ela revela o tamanho das coisas.

O que são as pequenas preocupações que nos assolam frente à enormidade da natureza?

O que são os problemas autolimitados da vida frente à amplidão que é estar vivo?

Que possamos levar essa lição de humildade, entrega e gratidão para todos os momentos da vida.

Dias tristes

Nesses últimos dias, há um aperto em mim que não estou conseguindo tirar do peito. Um aperto que, além do peito, me pesa os ombros, a cabeça e projeta com força os meus pensamentos para um futuro próximo e cheio de ansiedade. Não há motivos claros para sentir o que estou sentindo, muito menos na intensidade em que sinto, pelo menos não que eu consiga enxergar. Por isso, me deixo sentir tudo o que necessito e, como consequência, viro paisagem das emoções que transbordam dentro de mim.

Gosto de sentir todas as dores que chegam até mim. Pode parecer sádico, eu sei, mas já aprendi que somente assim elas se vão. As dores, como todos nós, precisam de atenção para sentirem-se seguras e partirem para um lugar distante. Quanto antes abraço a minha tristeza, mais cedo ela se despede. Talvez, como eu, hoje ela também só precise de um pouco de atenção.

Escrevo essa reflexão, pois também gosto de mostrar o aperto da solidão em dias tristes. Não sou alguém feliz em tempo integral. Longe disso. Sou um misto complexo de companhia amável de mim mesmo e aperto no coração em dias que a tristeza bate à porta, quando ela não entra sem pedir licença. E por mais que eu não goste dessa correlação entre tristeza e solidão, hoje não pude me furtar. Elas vieram juntas, e pior, resolveram dormir por aqui.

Confesso que gostaria de ter ligado para a minha mãe durante o dia para contar como me sentia, mas não o fiz. Achei que poderia preocupá-la com a minha voz embargada. Chorei muitas vezes durante o dia, como já disse, sem motivos, mas talvez por estar sensível com as minhas próprias reflexões. E quando assim estou, me escondo de todas as ligações que posso receber, não quero que me façam muitas perguntas para respostas que nem eu tenho. Prefiro me permitir ser todas as dúvidas do mundo.

Fico quieto, pois assim lido com o caos que aqui habita. Coloco roupas folgadas, faço um chá e me ponho em silêncio. Ele, o silêncio, me ajuda enquanto as lágrimas me preparam para algo novo. E eu sempre acredito, quando não me forço a acreditar, que algo novo está por vir, pois, honestamente, sem esperança, não me sinto ninguém.

Dizer que estou triste em um pedaço do meu novo livro é algo que me traz uma enorme paz. Me liberta de mim mesmo e me transporta para um lugar de serenidade do qual muitas vezes me tiro por uma autocobrança excessiva. Por mais que fale sobre isso quase diariamente, muitas vezes acabo me distanciando do que também posso sentir. E eu sinto tanto. Hoje me sinto só e triste... e está tudo bem.

Sobressaltos

Esses dias acordei durante a noite assustado e por assim fiquei, metamorfoseando entre pensamentos e cobertas, até o amanhecer. Meu coração estava apertado, morrendo de saudade: da ingenuidade que eu carregava comigo, das pessoas especiais que deixei passar, pois achei que outras surgiriam sempre que quisesse, das palavras que deixei de dizer aos amados, das verdades que deixei de contar aos amantes, das tristezas que escondi debaixo da cama e estou tendo que, forçadamente, rever agora.

À noite somos reféns da saudade que, de dia, fingimos não sentir. Não há licença poética para ela surgir. Ela surrupia o sono e, entre os lençóis, nos faz afundar em pensamentos que achávamos ter superado. Nem sempre a saudade brota de forma poética, muitas vezes, ela vem feito um trator de oito toneladas, faz sua ronda noturna dentro de nós e se despede de forma bruta.

Esta saudade violenta pode ser um alerta: algo precisa mudar. Algo precisa falar. Assim como o corpo grita com dores crônicas e cansaço quando suas necessidades não estão sendo atendidas, a alma também grita, e a madrugada é uma hora em que ela costuma achar sua voz – ou melhor, é uma hora em que o resto de nós está quieto o bastante para que ela possa ser escutada.

Para evitar sobressaltos, deixe a alma falar em pequenas pausas ao longo do dia atribulado. Se deixar para a madrugada, talvez ela precise gritar.

A solidão é uma fuga?

Por gostar de ficar sozinho em momentos movimentados, pessoas próximas já me questionaram muito sobre esse meu traço solitário. Lembro de um dia em especial que alguém – hoje já não me recordo exatamente quem – disse: "acho que quem gosta tanto de ficar sozinho quer fugir dos problemas".

Mas será que a solitude é mesmo uma fuga do mundo, um ato covarde?

Para estar sozinho é preciso ter muita coragem. O que mais fazemos diariamente é fugir dos problemas. Fingir que nada aconteceu, tentando apressar o ponteiro do relógio em saídas noturnas, encontrando alguns amigos que transformam nossas mágoas em raivas fúteis, outros, em alegrias momentâneas. Dedicar-se a ficar só em momentos de tempestade e olhar para si com toda a atenção necessária é algo de extrema força. Encarar a dor com a solidão que o autoconhecimento pede é não buscar uma validação fácil, mas, sim, o conforto do consciente. A introspecção é fundamental para fazermos a ponte necessária entre os sentimentos internos e aquilo que vamos levar conosco para o mundo externo. A solidão é o melhor processo para se conhecer. Porém, alguns têm medo de se encontrar e descobrir que não são o que acham que são.

Não há encontro mais dolorido e belo do que o encontro consigo mesmo. A vida é um constante encontro interno, com breves momentos externos. Os encontros com o mundo lá fora nos mostram como a vida fica singela regada a alegrias, risadas, amores e esperanças, porém, o encontro com o interno é uma escolha que descortina a nossa verdade e quem realmente somos. Uma verdade inconstante, mutável, porém a única que temos como ouvir com sensibilidade e silêncio. Enquanto temos pressa em tentar entender o que os outros são e o que desejam de nós, egoicamente, achamos que já nos entendemos por inteiro.

O contato diário com nosso mundo interno nos prova que isso não é verdade. A alma sempre é capaz de nos surpreender. Mas enquanto os que abraçam a solidão podem levar sustos passageiros com o que encontram, aqueles que fogem desses momentos podem se assustar tanto com suas próprias incoerências, contradições e maldades, que correm o risco de passar a vida toda fugindo de si mesmos. A solidão não é uma fuga, mas a fuga da solidão pode sim ser uma forma de ilusão.

O silêncio e a cura

EXISTEM DORES QUE SOMENTE O silêncio pode nos ajudar a curar. Aceitar o silêncio como parte de nós mesmos nos momentos difíceis, exaustivos e soterradores é uma sabedoria que demorei anos para descobrir – e outros tantos para realmente aceitar. Fui ingênuo ao acreditar que se eu não me encontrasse com o silêncio, face a face, não teria que lidar com as dores que habitavam em mim. Porém, percebi que fugir da dor e do silêncio é fugir também da cura.

Por muitas vezes, tentei preencher o vazio com situações igualmente vazias, pois tinha medo de enfrentar o silêncio. E quem diria que ele poderia ser um amigo tão fiel? Fugia para encontros de poucas palavras e conversas vazias, para amizades de muitas promessas e poucas realizações, para prazeres imediatos como se pudessem se eternizar, estava buscando preencher externamente o que precisava ser preenchido internamente.

O silêncio dói porque é um espelho das nossas emoções. Ele nos mostra o que não queremos avistar, mas precisamos enxergar. Se os medos, as dores e os traumas existem dentro de você, é preciso observá-los com o cuidado que o silêncio pode despertar. Como iremos lidar com emoções que não conseguimos olhar nos olhos nem muito menos expressar de forma honesta e construtiva? Como iremos transformar a dor em beleza, se nem conseguimos avistar onde ela está dentro de nós?

O silêncio ensina porque não fala; escuta. Ao oferecer não a resposta, mas o tempo, o silêncio é um espaço que ofertamos para nós mesmos a fim de ouvir o que precisamos ouvir não dos outros, mas de nós mesmos. O silêncio não lambe as nossas feridas por nós, mas mostra quais feridas são urgentes e merecem a nossa atenção.

Se soubéssemos o quão capazes somos de nos curar, sem dúvida dependeríamos menos das palavras torpes dos outros e ficaríamos mais com o vazio fértil do silêncio.

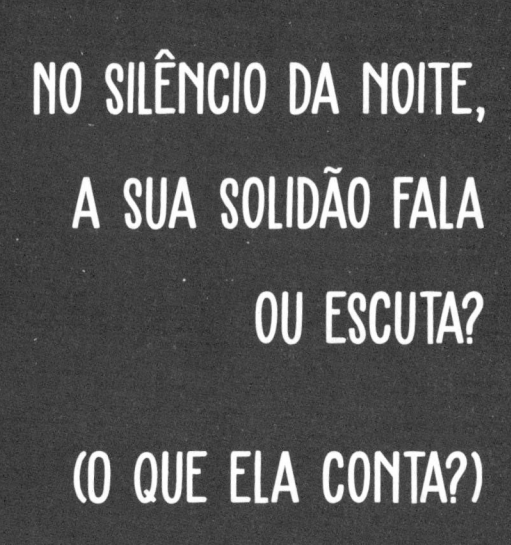

NO SILÊNCIO DA NOITE,
A SUA SOLIDÃO FALA
OU ESCUTA?

(O QUE ELA CONTA?)

A espera

O TEMPO ESTÁ DEMORANDO A passar... O tempo que imaginei para que as respostas e as boas notícias chegassem. E nada de darem as caras por aqui ainda. Por que as boas notícias estão tão distantes dos meus dias? Sempre fui tão receptivo. Por que as más notícias parecem nem pegar trânsito para chegarem até a minha casa? Nunca abri a porta do meu coração para elas. Por que não consigo mais alcançar a tranquilidade que um dia já me fez flutuar?

Sinto como se todas as boas notícias que me pertencem estivessem me espionando, aguardando o momento certo para chegar subitamente e me contar tudo o que estava guardado durante esse tempo todo. Cautelosas e animadas com a possibilidade de me surpreender, imagino-as como uma mãe que guarda o presente de Natal do seu filho no armário mais alto do próprio quarto. Será que as boas notícias só poderão ser desembrulhadas num dia especial, depois que eu cumprir as minhas tarefas, depois que eu for um bom menino?

A ilusão de haver um presente ao final de toda tempestade me conforta, mesmo que eu não saiba a data certa para abri-lo. Enquanto as respostas e as boas notícias não vêm, brinco de alternar entre me enganar e dosar esperança de que haja algo doce para receber. Ainda não sei o limite entre antídoto e veneno.

Abandonado pelas boas notícias e pelo tocar do telefone, converso com as paredes e escrevo para aliviar a dor das respostas que ainda não chegaram. Converso alto mesmo, preciso me ouvir, questionar Deus em tom de incompreensão, resmungar para depois fingir que tudo faz parte da vida. Tudo faz parte da vida, mas até quando as boas notícias não farão mais parte da minha?

Tristeza ou desconforto?

SOLIDÃO. ESSA PALAVRA CARREGA EM si um peso que faz muitos corações se contraírem. Mas quero compartilhar com vocês uma ideia que cultivo sobre como a solidão não precisa ser sempre triste. Ela pode ser, na verdade, uma companhia preciosa.

Nesses instantes em que me encontro unicamente na presença de mim mesmo, eu aprendo muito. Sou ao mesmo tempo mestre e aprendiz. Vejo meus medos, minhas angústias, meus sonhos, meus desejos. É um encontro sincero, daqueles que só acontecem quando você tem a coragem de olhar para dentro de si.

E, quer saber? Não é triste.

Às vezes é desconfortável, isso sim. Encarar nossas inseguranças e dúvidas não é indolor. Mas a solidão me ensinou que, quando me permito ficar comigo mesmo, começo a aceitar e amar cada parte do meu ser, inclusive aquelas que eu costumava ignorar ou rejeitar. E quando consigo amar o meu íntimo, me sinto bem onde quer que eu esteja. Aos poucos, o desconforto de olhar para as sombras se transforma na calma de estar bem na própria pele.

Na solidão, percebo que não preciso ser perfeito, que está tudo bem errar, ser vulnerável, sensível ou intenso. Posso escolher o rótulo, o diagnóstico ou o adjetivo que mais fizer sentido e, não importa: está tudo bem. Está tudo bem em ser eu, do jeito que sou, sem máscaras, sem pretensões ou planos mirabolantes para abrir meu coração.

E é nesse lugar, no lar que carrego dentro de mim, que encontro a paz que transcende todas as compreensões.

Cultivar a solidão não é estar fisicamente sozinho; é entender que há um universo dentro de cada um de nós, repleto de estrelas brilhantes e buracos negros, de amor e medo, de alegrias e tristezas. E cada um desses elementos compõe quem somos, cada um deles tem a sua importância. E vale a pena vê-los e visitá-los.

Se a solidão bater à sua porta – ou a solitude como muitos gostam de chamar, mas eu prefiro me furtar –, não tenha medo de deixá-la entrar. Ela pode trazer consigo lições preciosas, momentos lindos de encontro e descobertas. A solidão não precisa ser triste, ela pode ser uma oportunidade para se redescobrir, para se reencontrar, para se amar de maneira mais profunda e sincera.

Por isso, abraço a minha solidão, não como um fardo, mas como um presente. Porque quando estou só, na verdade, nunca estou sozinho; estou com a melhor companhia que poderia ter naquele momento: eu mesmo. E isso é uma experiência poderosa, transformadora, que me faz ser uma versão melhor de mim a cada dia.

O silêncio é uma floresta escura

O CORRE-CORRE DA VIDA NOS dá muitos motivos para nos distrair das questões menos ensolaradas da vida. Falamos pelos cotovelos para não precisar escutar a voz interior que diz "isso não tá legal". Enchemos a agenda de obrigações para não ter aquela conversa desagradável com alguém. Gastamos toda nossa energia com passeios, programas e pessoas que precisam de nós para não ter fôlego para olhar no espelho e reconhecer que é preciso depositar um pouco de energia em nós mesmos – para nos conhecer melhor, ouvir o que nossa alma está sussurrando e andar no ritmo das batidas do nosso coração. Tudo isso requer não apenas tempo e dedicação, mas a força de espírito de ficar sozinho e suportar a incerteza angustiante do silêncio.

E o silêncio é como uma floresta escura. Não sabemos o que poderá surgir ali. Bichos estranhos? Monstros? Uma casa feita de doces? Um campo cheio de flores e borboletas escondido por trás de árvores densas e galhos espinhosos? Há muitas maravilhas, mas também há descobertas dolorosas que podem nos levar a decisões irreversíveis ou, pelo menos, muito penosas.

Não é de se espantar, então, que tantas pessoas prefiram o barulho das tarefas intermináveis, o ti-ti-ti dos dramas alheios, o zumbido surdo dos atritos de sempre do que o vazio do silêncio. No silêncio, afinal, há sussurros que não se pode ignorar. Sussurros que levam a novos movimentos, que ameaçam o jeito de ser habitual. Melhor, então, ficar cercado de gente para nunca precisar ouvir o que ele tem a dizer. Mas será que essa é mesmo a melhor estratégia no longo prazo?

Habitar o silêncio é explorar os cantos mais escuros da floresta e descobrir que, às vezes, o maior perigo é continuar onde você está.

A cor da solidão

DEITADO NA CAMA, COM OS pés envoltos em cobertores que acabei de tirar do armário, tento ressignificar as injustiças que passei nos últimos anos e sinto uma solidão esmagadora. Quero fugir dela, mas resolvo ficar. Vejo que isso que estou chamando de solidão tem nomes mais precisos: isolamento, desconexão, abandono. Muitas vezes sem pedir licença, esse emaranhado de medos levam a mente para futuros que não nos pertencem. Insaciáveis, os medos forçam os pensamentos e a imaginação a trabalharem em uma velocidade cansativa demais para a noite.

O problema da solidão é quando tentamos prever seus movimentos. A solidão é livre, tem vida própria. Solte-a e ela saberá para onde ir. Como um enorme, límpido e azulado rio, quando mergulhamos em suas incertezas, preocupados em nos salvar, insistimos em nadar contra a correnteza, pois queremos voltar para aquele lugar de onde partimos. Porém, caso nos deixemos levar, guardando forças e nos entregando à correnteza, podemos descobrir lugares lindos. Nem toda correnteza nos leva para um lugar afrontoso e desconhecido.

Se você fosse um pintor, qual cor representaria melhor o sentimento que a solidão lhe traz? A maioria de nós, quando imagina a solidão, logo cria uma imagem de escuridão, de tristeza e distanciamento. A solidão não seria um amigo caloroso, mas aquela figura estranha de quem desconfiamos. É improvável que você tenha imaginado uma cor quente, vívida ou brilhante. Mas por que a nossa solidão não pode ser amarela ou lilás? Por que não pode ser divertida ou risonha? O contato com ela pode ser profundo, mas não necessariamente dominado pela tristeza.

Se há algo que precisamos aprender nesta vida é a lidar com nossos momentos solitários. Sejam eles de introspecção, escolhidos por nossas inclinações e necessidades, sejam de solidão forçada, reféns de perdas e mudanças necessárias, ou simplesmente ocasionais, fruto dos trajetos rotineiros da vida. Uma solidão cuja cor está sempre no espectro soturno é o reflexo de um eu infeliz. Solidão não deve ser sinônimo de coração vazio.

Somos seres solitários, porém temos lindas possibilidades de encontro. E por mais que, para mim, os encontros sejam a razão de viver com esperança, os momentos solitários são quando me preparo para desbravar essas possibilidades com vulnerabilidade e entrega.

SE A SUA SOLIDÃO
TIVESSE UMA COR,
QUAL SERIA?

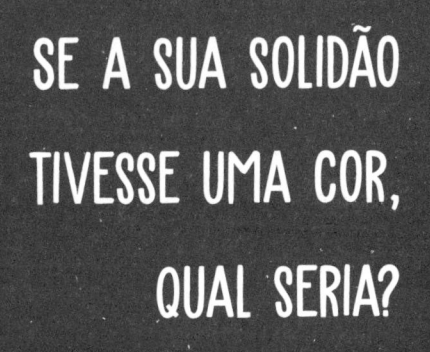

Intuição

Eu sempre enalteci a importância da sensibilidade, para mim, ela é a grande munição contra a parte obscura e injusta do mundo. É óbvio que nunca estaremos totalmente protegidos, muito menos imunes às tristezas do coração, mas, com sensibilidade, conseguimos evitar algumas tragédias sentimentais.

Aqui, acho que cabe explicar o que quero dizer com "sensibilidade". Ao contrário do que algumas pessoas acham, ela não tem nada a ver com sentimentalismo. São coisas bem diferentes. Enquanto o sentimentalismo muitas vezes transborda ilusão, a sensibilidade é um mergulho em águas cristalinas que evita que nos ceguemos pelas mentiras que contamos a nós mesmos. A sensibilidade é simples e silenciosa; é o aguçar dos sentidos; é feita de observações, de ouvidos a postos e de olhos atentos, com um toque importantíssimo de empatia e paciência. A sensibilidade é o bom senso do coração.

Não importa a situação, a sensibilidade é a voz interior que sempre devemos ouvir. Não sabe se vai naquela entrevista de emprego? Se joga tudo para o alto nessa fase da vida? Se dá aquele primeiro beijo que pode se tornar um relacionamento duradouro? Se dá para confiar no vendedor do carro usado? Sensibilidade.

Por mais selvagem ou diferente que pareça ser uma situação, é necessário ter sensibilidade para dosá-la, senti-la. Qualquer situação. Por exemplo: no auge do sexo, entre tapas fortes e puxões firmes de cabelo, por mais carnal e imediato que seja o ato, é preciso ter sensibilidade para sentir o outro, os sinais, se está confortável, se está gostando, para onde gostaria de ir, se é para mudar de posição, se é para chupar mais um pouco. Isso é sensibilidade. Alguns chamam de intuição.

A sensibilidade é uma corda bamba, e cada um tem a sua, sem regras. A entrega total ou o receio de ir mais adiante; o beijo que convida ou o abraço de despedida; o "oi" despretensioso para a pessoa sentada na mesa ao lado ou o arrependimento de não ter dito um simples "oi" para a pessoa na mesa ao lado; a melhor viagem da vida ou o medo de se perder na cidade; o término de um relacionamento que ainda poderia ter futuro ou um recomeço necessário. Quem rege tudo isso? A intuição.

E ela nada mais é do que a capacidade de escutar os sinais enviados pelo inconsciente, por nossas células, por nossa alma. Que possamos, cada vez mais, silenciar os ruídos externos e ouvir as sutilezas das sensações. Quem sabe surgirão respostas fáceis para perguntas muito difíceis?

A solidão é como uma chuva.
Ergue-se do mar ao encontro das noites;
de planícies distantes e remotas
sobe ao céu, que sempre a guarda.
E do céu tomba sobre a cidade.

Rainer Maria Rilke

Parte 2

Sol de primavera

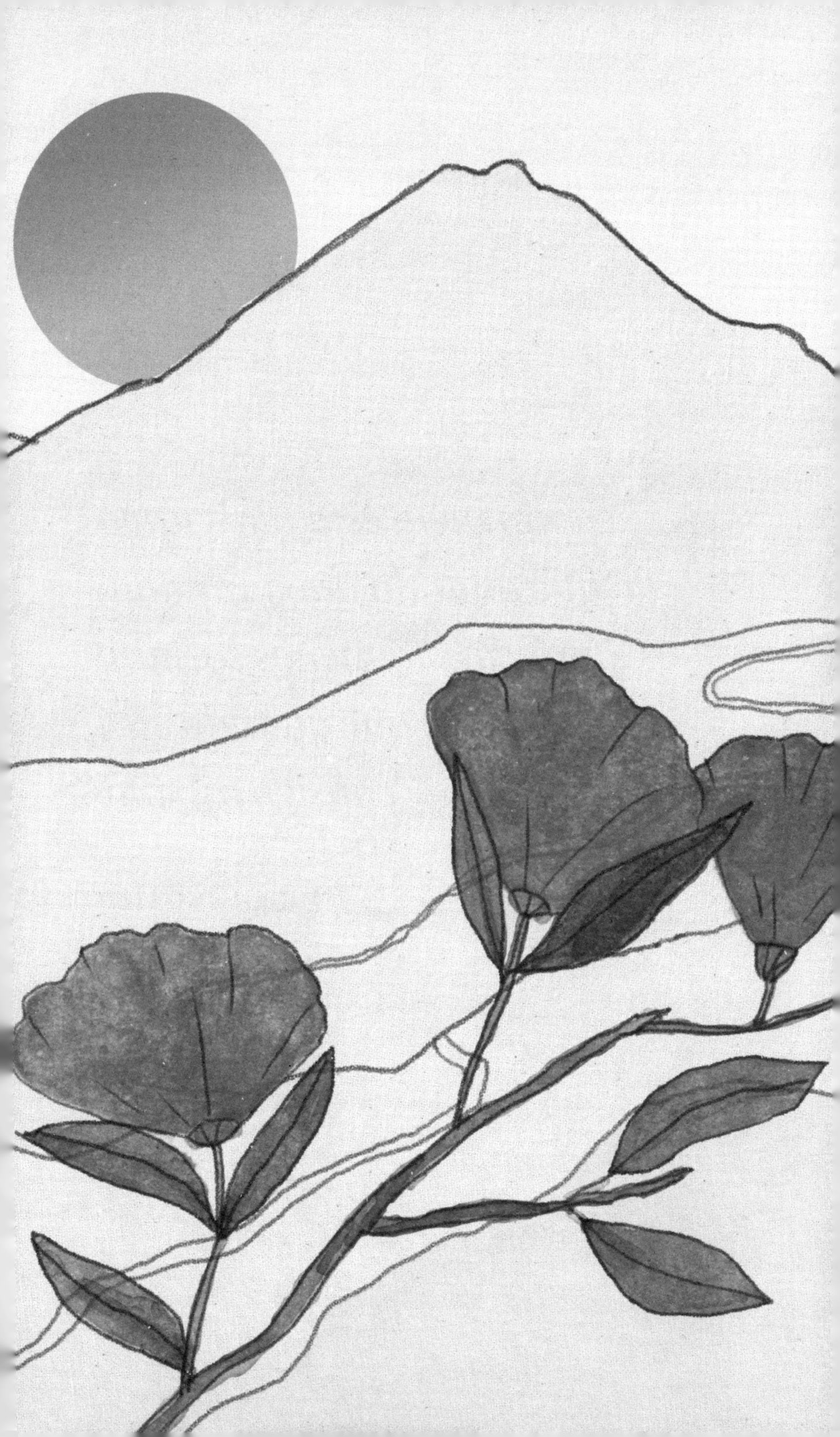

Nunca ninguém está mais ativo do que quando não faz nada, nunca está menos sozinho do que quando está consigo mesmo.

Byung-Chul Han

Tudo o que floresce em nossos momentos a sós

Enquanto o inverno é um período para hibernar, a primavera é a temporada em que folhas brotam, flores explodem em cor e o ar se enche de pólen e de abelhas a trabalhar. É o velho clichê do arco-íris após a tempestade, um tempo de fertilidade.

Mesmo que não revele isso à primeira vista, a solidão também guarda seu aspecto fecundo. A esmagadora maioria da arte que existe no mundo nasceu após muita contemplação solitária, em um processo de criação igualmente solitário. É no vazio da tela em branco, do papel em branco, do palco ou do silêncio que brotam de mentes e corpos criativos a pintura, o poema, a canção ou o movimento. Por mais que haja colaboração e companhia no trabalho, uma grande parte do que construímos e entregamos ao mundo é fruto de um esforço solitário. Artistas podem ser pessoas extrovertidas e animadas, claro, contrariando aquele estereótipo do gênio ermitão, mas, em algum momento, o pintor, o escritor, o músico e o dançarino precisam se afastar do resto do mundo, entrar em seu casulo (real ou metafórico) e criar.

Você não precisa se considerar um artista para experimentar o lado primaveril da solidão (embora eu defenda a ideia de que somos todos artistas em alguma medida). Você o reconhecerá naquela fagulha de curiosidade que te empurra em direção às descobertas, sejam elas internas ou externas. Estou falando daquele impulso de aprender, de conectar ideias e de experimentar soluções. Estou falando do desejo por conhecimento e por expansão, que também são frutos da solidão. O vazio, a dor e o tédio que costumamos associar ao estado de solidão clamam por preenchimento, solução, diversão. Assim como o polo negativo atrai o positivo, esses estados difíceis, que tendem a nos colocar em retração, acabam atraindo forças de movimento e expansão.

As horas a sós podem ser melancólicas e soturnas, mas é também nos momentos introspectivos que, mergulhados profundamente em nosso eu, desvendamos tesouros preciosos sobre nós mesmos. O verdadeiro autoconhecimento precisa de um aspecto solitário, é necessário haver um distanciamento dos estímulos externos para poder explorar o território fértil e misterioso da nossa alma. Só assim poderemos vislumbrar respostas autênticas para a eterna dúvida: quem sou eu?

A solidão tem disso: promove o florescimento da nossa consciência por meio do autoconhecimento que brota dos nossos momentos a sós. Afastados do resto do mundo, exploramos nossa luz e nossa sombra. Visitamos o passado e sonhamos o futuro. Com sorte, experimentamos também o prazer de ficar no momento presente, desfrutando dos simples prazeres que trazem frescor e alegria para os nossos dias, que nem sempre são ensolarados (e não precisam ser).

Os textos a seguir exploram e celebram esse território primaveril da solidão e fazem um convite para que você também se conecte com os aspectos mais leves e criativos dos seus momentos mais introspectivos. Se você resistir ao impulso de se distrair do vazio, poderá ser presenteado com pensamentos, ideias e sensações surpreendentes.

Um espaço só meu

Anos atrás, assim que terminei a faculdade, tive a sorte de poder ir morar sozinho, em São Paulo, a 600 quilômetros de onde cresci. Quando comecei a decorar a minha casa e estava decidindo quais móveis iriam completar o ambiente, a cada escolha, eu só pensava em receber convidados. Onde eles se sentariam? Um pufe está mais para algo descolado ou desconfortável? Será que o quarto de visitas está aconchegante? O que elas gostariam de ver na minha casa? Será que elas se sentiriam à vontade aqui?

Fui decorando lentamente, comprando móvel por móvel, decoração por decoração, pois era o que o dinheiro permitia. Então, por sorte, nunca cheguei a concluir as minhas ideias iniciais, mas me recordo de como, no início, os pensamentos eram mais voltados para o bem-estar dos convidados do que para o meu próprio. Eu gostaria que as pessoas se sentissem bem, e não há mal nenhum nisso, mas o quanto eu estava sacrificando o meu aconchego diário para isso?

Após a ilusão, que até hoje agradeço por não ter sido concluída, de que a minha casa deveria ser um despretensioso ponto de encontro para os meus convidados, hoje tenho um canto, pequeno e singelo, mas moldado para o meu bem-estar. Livros variados preenchem as estantes, tapetes coloridos que talvez somente eu goste recebem meus pés, e guardo na minha casa detalhes de viagens únicas e especiais que fiz. Na sala há um móvel de madeira maciça que talvez não tenha as melhores proporções para a parede em que está, mas como não acomodar uma peça pela qual me apaixonei à primeira vista?

Cada vez mais, e pouco a pouco, a minha casa é decorada para as minhas necessidades e para o meu bem-estar, não para receber (ou impressionar) pessoas. Tenho um sofá confortável para ler os meus livros, o quarto, que antes ficava baldio aguardando as visitas que poucas vezes apareceram, hoje uso para guardar minhas roupas e meus pertences, e ainda tenho o privilégio de ter um canto especial, com uma vista linda da cidade de São Paulo, de onde escrevo o que vocês estão lendo.

Um lar aconchegante, cheio de vida e alinhado com nossa alma nunca está efetivamente pronto; está sempre em constante mudança e construção. Assim como nós.

Introversão

"Você está tão quieto... Aconteceu algo?" Já perdi a conta de quantas vezes escutei isso! Basta eu estar mais na minha que alguém solta um comentário nessa linha. Por mais carinhoso que seja esse gesto de preocupação, queria que as pessoas entendessem que nem sempre quem busca conforto na solidão está triste ou chateado. Sempre fui adepto a curtir a minha própria companhia. Sinto um conforto profundo e genuíno ao me entregar a momentos de introspecção em que palavras são supérfluas.

Aqueles que apreciam ficar a sós com os seus ventos emocionais muitas vezes são indivíduos que aprenderam a encontrar paz em meio ao caos do mundo ao seu redor. Eles encontram equilíbrio em momentos de recolhimento, em que podem se reconectar com suas emoções, pensamentos e desejos mais profundos. A solidão é um refúgio onde se pode cultivar a tranquilidade interior e saborear a autenticidade.

Longe de serem tristes, muitas almas que parecem solitárias são apenas pessoas que se contentam em estar no silêncio de seu habitat interno. Elas têm uma relação de intimidade consigo mesmas e uma compreensão do que precisam para nutrir a própria alma. Elas não temem enfrentar o silêncio, porque nele encontram uma valiosa serenidade.

Na solidão, essas pessoas, que muitos chamam de introvertidas, encontram espaço para explorar suas paixões, hobbies e interesses pessoais. Elas têm a liberdade de se dedicar a projetos criativos, à leitura, à escrita, à música ou a qualquer atividade que as preencha de alegria e satisfação.

A solidão é onde florescem suas verdadeiras expressões e talentos, pois não estão sob a pressão das expectativas externas.

É nesses momentos a sós que esses indivíduos fortalecem sua resiliência emocional. Eles aprendem a enfrentar seus medos e enfrentar seus desafios internos, desenvolvendo uma profunda compreensão de si mesmos. A solidão lhes permite ser seus próprios conselheiros, confidenciando-se em seus pensamentos e emoções sem o medo do julgamento externo.

Além disso, as pessoas que encontram felicidade na solidão também são capazes de apreciar os momentos compartilhados com os outros de maneira mais profunda e autêntica. Elas não buscam a presença de outras pessoas por necessidade ou carência, mas sim por escolha e desejo genuíno de conexão significativa. Elas valorizam os relacionamentos que alimentam suas almas e optam por estar com pessoas que as compreendem e que respeitam sua necessidade de solitude.

Portanto, não devemos confundir a preferência pela solidão com tristeza. A solidão pode ser uma companhia preciosa, uma oportunidade para um encontro consigo mesmo, para o crescimento pessoal e para a apreciação das maravilhas da vida. Aqueles que, como eu, valorizam a sua própria companhia encontram uma paz interior que transcende a necessidade constante de interação social, permitindo-lhes encontrar alegria e satisfação mesmo nos momentos mais solitários.

Silêncio, para nós, não é sinônimo de vazio, mas de preenchimento.

Serenando-me

Verdade seja dita, sempre fui um tanto ansioso. Meus pensamentos andavam em ritmo de galope, como cavalos selvagens, eram difíceis de controlar, mas tinha ali um elemento estimulante. Acho que havia um lado meu que não queria ser alguém mais calmo, menos intenso.

A intensidade do sentir é um traço meu que sempre busquei acolher. Amar intensamente, de corpo e alma, é parte do que me faz ser quem sou. Mas quando o amor não é correspondido na mesma medida, ou quando a relação chega ao fim, os pensamentos de cobranças e dúvidas vêm com intensidade igual, o que não é tão bem-vindo.

Os anos se passaram e, com eles, adquiri muitos aprendizados. Alguns foram teóricos, por intermédio de livros, documentários, palestras, cursos e conversas com amigos na madrugada. A maioria foi por meio de sucessos e fracassos, pessoais e profissionais, e pelo meu hábito chato de analisar, tentar entender e sempre buscar novos caminhos, mais suaves e gentis. Posso dizer que foram fruto de conversas solitárias na madrugada, na estrada ou entre um compromisso e outro.

Hoje percebo que os meus pensamentos já não são mais tão selvagens e urgentes. Pelo menos não galopam com a mesma frequência e intensidade. Minha mente segue curiosa e com aquela tendência de pular para o passado (tentando entender) e para o futuro (buscando prever), mas ela agora contempla, sossega, explora sem pressa, serena.

Não diria que sou uma pessoa calma, mas certamente sou menos inseguro do que já fui um dia. Aqueles medos que chicoteavam o cavalo para que corresse mais rápido não foram embora. No entanto, com a maturidade, veio a certeza de que tenho outros recursos além do chicote para me colocar em movimento.

A palavra "maturidade" pode ser enganosa. Há quem ache que ela tem a ver com o tempo cronológico, é a ideia de que, com a idade, vem certas virtudes como paciência, autocontrole, perspectiva etc. Mas eu não acho que precise ser assim. Para ganharmos tudo isso, não basta envelhecer. Temos que meter a cara. Temos que entrar de cabeça no autoconhecimento, num mergulho que é, inevitável e profundamente, solitário.

A inexorável solidão de quem ousa ser autêntico

UM DIA, SEM PERGUNTAR SE gostaríamos de ver o que ela tem para nos mostrar, a vida nos revela a extensão da nossa solidão. *Sim, amigo, você está muito sozinho nesse mundo*, ela parece dizer. E, como se não fosse o bastante, nos salienta que cada vez mais estaremos propensos a seguir um caminho solitário.

Por anos me senti sozinho, mesmo que as redes sociais mostrem outra coisa. Não é que o conteúdo delas seja falso ou irreal, mas a solidão, nesse caso, é um sentimento interno. Ou seja, mesmo com vida social ativa e atribulada, a condição persiste. Quanto mais lemos, refletimos, estudamos ou nos doamos, quanto mais aprendemos a ter compaixão pelos outros, mais nos sentimos desacompanhados e incompreendidos neste mundo de opiniões agressivas, intolerantes e de pouca sensibilidade.

Existe um ditado que diz que a ignorância é uma bênção; quando ignoramos as complexidades, as verdades são sempre fáceis e reducionistas, as respostas são simplistas, quase sempre "sim" ou "não". Acontece que as pessoas que escolhem facilmente entre o "sim" e o "não" – sem maiores reflexões, sem ressalvas ou tons de cinza – quase nunca sustentam as suas opiniões por coerência, mas sim por buscarem aprovação e conforto. É o caminho mais fácil, de fato. Abrir a cabeça e observar que os caminhos da vida são mais vetoriais é uma escolha difícil e cansativa. A maioria não está disposta a fazê-la, mas se isso é uma bênção ou uma lástima está aberto a discussão.

O que sei é que a evolução pessoal, seja ela mental, emocional ou espiritual, cobra de nós um preço: a sensação de estarmos sozinhos, nadando contra a maré. E isso cansa, especialmente quando sentimos a necessidade de explicar as nossas escolhas para os outros. Por isso, para me afastar dessa fadiga, escolho, dia após dia, o meu violão, as minhas plantas e o sol que bate na janela da minha sala ao amanhecer – eles nunca me traem. A escolha por uma vida solitária não é uma decisão que foi tomada por raiva ou descrença nas pessoas, mas por convicções conquistadas através da árdua, porém linda, busca pela paz interior.

A solidão é o efeito colateral de sair da caixinha de opiniões prontas e gritadas aos quatro ventos, para quem quer se desprender de supostas certezas e regras de um mundo que se mostra, às vezes, tão pequeno e cruel, para quem quer sair de um molde raso e limitante e viver com um pouco mais de sabedoria e autenticidade. Parece triste, e talvez até seja, mas a vida sempre será um pouco mais solitária para quem escolheu o caminho do verdadeiro crescimento interior.

Ter a ciência de que a vida pode ser solitária, mas não se sentir sozinho por conta disso, por mais antagônico que seja, é o desafio que abraçamos todos os dias. Ironicamente, sentir-se sozinho no mundo é uma constante na vida de muitas pessoas que ousam ser originais. Talvez sirva de consolo saber que estamos sozinhos, mas em boa companhia.

Na solidão, somos livres

A SOLIDÃO COSTUMA SER INTERPRETADA como uma ferida invisível; um vazio que nos consome por dentro. No entanto, há uma dimensão oculta, uma perspectiva rara que poucos conseguem vislumbrar: a solidão pode ser uma companhia.

Em um mundo agitado e repleto de distrações constantes, é fácil se sentir perdido no meio da multidão. Muitas vezes, estamos cercados por pessoas, mas, ainda assim, nos sentimos sozinhos em nossos pensamentos, desejando conexões mais profundas e verdadeiras. Nesses momentos introspectivos, quando a solidão se faz presente, somos levados a uma jornada interior de autodescoberta.

Na quietude, encontramos um espaço sagrado onde podemos nos reconectar com partes esquecidas dentro de nós. A solidão nos convida a olhar para dentro, para as sombras e luzes que compõem nosso ser, permitindo-nos explorar nossos anseios, medos e sonhos mais profundos. Nessa jornada solitária, as camadas externas da vida vão sendo retiradas, pouco a pouco, revelando nossa verdadeira essência.

Nessa ausência de companhia repleta de presença, descobrimos a capacidade de sermos nossos próprios confidentes. Escutamos as vozes dos nossos medos e desejos com compaixão e aceitação. A solidão pode ser uma oportunidade para nos tornarmos nossos melhores amigos, oferecendo-nos a oportunidade de cultivar a autocompaixão, a autoaceitação e o amor-próprio. Por meio desse relacionamento mais íntimo com nós mesmos, encontramos uma fortaleza interior que nos permite enfrentar os desafios da vida de maneira mais serena.

Enquanto o mundo externo exige de nós certos comportamentos e códigos sociais, na solidão, somos livres para explorar nossos interesses mais profundos e nutrir nossas paixões. Podemos dedicar tempo à leitura, à escrita, à arte, à música ou a qualquer atividade que alimente nossa alma. Não há expectativas externas, apenas a liberdade de ser quem realmente somos, sem filtros ou máscaras. A solidão oferece um espaço seguro para criar e explorar, a partir do qual conseguimos crescer e nos desenvolver.

Além disso, a solidão também pode nos tornar mais conscientes da presença dos outros ao nosso redor. Quando passamos um tempo a sós, somos lembrados da importância dos relacionamentos significativos em nossas vidas. Valorizamos mais as conexões genuínas que compartilhamos com os outros e aprendemos a nutri-las com cuidado e gratidão.

Por fim, a solidão nos ensina que a verdadeira companhia não depende exclusivamente da presença física de outras pessoas. Podemos encontrar consolo e companhia nas páginas de um livro, na beleza da natureza, na música que toca o nosso âmago ou em um momento sereno de contemplação. Assim, a solidão, quando acolhida com aceitação e abertura, se revela uma companhia que nos desafia a crescer, a nos conhecer melhor e a nos conectar de forma mais autêntica com o mundo. É um convite para encontrarmos a nossa voz interior, para apreciarmos a nossa própria presença e para descobrirmos que, mesmo na ausência de outros, nunca estamos verdadeiramente sozinhos.

A solidão pode nos mostrar que, em última análise, a verdadeira companhia está dentro de nós mesmos, na nossa capacidade de nos conectarmos com o mundo ao nosso redor e encontrar beleza e significado em cada experiência.

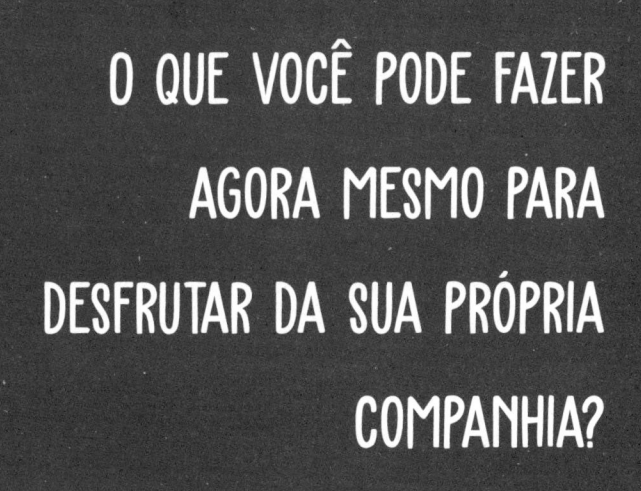

O QUE VOCÊ PODE FAZER AGORA MESMO PARA DESFRUTAR DA SUA PRÓPRIA COMPANHIA?

Sozinho para criar

A SOLIDÃO TEM FACES. ALGUMAS vezes, ela se manifesta como um frio que congela o peito, em outras, como uma tranquilidade que nos permite ser quem realmente somos. Mas, para muitos de nós, ela também pode ser uma parceira silenciosa que desperta a criatividade. Costumo dizer que quem respeita a minha solidão criativa sempre terá o melhor de mim.

A solidão não precisa ser uma estrada desolada e árida. Ela pode ser um caminho repleto de cores e sons que só você consegue enxergar e ouvir. A arte nasce frequentemente de um lugar onde só você existe, onde seus pensamentos são suas únicas companhias. E a quietude é a chave que abre essa porta.

Em meio ao silêncio, nossas mentes começam a dançar e criar. Na solidão, descobrimos o conforto para nos expressar sem julgamentos, sem medo de ser quem somos. O pintor em frente à sua tela em branco, o escritor encarando uma página vazia, o músico tocando para uma sala deserta... Todos eles encontram na solidão uma força que alimenta a criatividade.

Você já reparou que algumas das melhores ideias vêm quando estamos sozinhos? Talvez no chuveiro, numa caminhada, ou até mesmo no silêncio da madrugada. Isso acontece porque a solidão nos dá espaço para encontros necessários. Espaço para pensar, sonhar e ser.

A solidão criativa é uma escolha, um momento que abraçamos para nos conectar com nosso íntimo. É um encontro com nós mesmos, um diálogo honesto e sincero que, por vezes, só é possível quando estamos sozinhos.

Para ser criativo, você não precisa ser solitário, mas aprender a abraçar a solidão pode abrir portas que nem sabia que existiam. Não tenha medo dela. Encare a solidão como uma amiga que o convida a explorar o jardim secreto do seu íntimo, onde as flores mais raras e belas da criatividade esperam para florescer.

Não é um abismo, mas um refúgio. E, às vezes, ela é a única que consegue nos mostrar o que há de mais belo e profundo dentro de nós. Então, da próxima vez que se sentir só, pegue um pincel, um lápis, um instrumento, e comece a criar. Você pode se surpreender com o que vai encontrar.

Arte, solidão, cuidado e conexão

Nos tempos da solidão forçada por conta da pandemia, as minhas leituras foram uma grande e aconchegante companhia. Elas foram variadas: desde um livro que minha querida amiga e companheira de trabalho, Clarissa, me indicou, chamado *A vida em análise*, de Stephen Grosz, que conta histórias de vida de alguns personagens reais em sessão de terapia, com algumas histórias infelizes e catárticas, porém cheias de reviravoltas e aprendizados, até algumas tentativas frustradas de ler alguns clássicos que há anos tento me forçar a ler.

Preciso confessar algo para vocês. Muitas vezes me sinto culpado por não conseguir terminar os clássicos. Ou, caso termine a leitura, não me sinto tão conectado com o livro como os escritores que admiro disseram que eu deveria me sentir. Fato é que me conecto e me aprofundo em minhas leituras com a mesma facilidade com que, em meio a elas, me levanto, incansável, em busca de algo de pouca importância.

Vou pegar um café! Um chá, melhor.
Está chovendo, será que fechei a janela?
Preciso ir ao banheiro.

Por mais que ame um livro e me delicie com a sua narrativa, tenho o hábito de ler em doses homeopáticas. E aprendi a respeitar o meu jeito de ler, mesmo que não seja o padrão.

Em meio a chás, idas ao banheiro e xícaras de café sem açúcar, fico pensando como muitos acham que ler é somente um ato de adquirir conhecimento e se contentar com a sua absorção do conteúdo. Durante a leitura, antes de se conectar com o livro e se perder entres as páginas cheias de reflexões e sentimentos, você se conecta com você mesmo. E se as pessoas interpretassem a leitura como um ato de se amar em solidão, um autocuidado?

Ler é ser feliz em companhia dos nossos próprios afagos imaginários, ao mesmo tempo em que nos sentimos inteiramente compreendidos pelas histórias que nos enlaçam de zelo. Sentar em um lugar que nos aconchega, pegar um livro e sentir que aquele momento de reflexão é dedicado a si é um grande abraço em nossa parte solitária que observa a vida de um lugar seguro. Até porque, por mais que estejamos imersos em lutas medievais ou aventuras amorosas irremediáveis, dentro de um livro estamos seguros.

Mesmo que estejamos repletos de imagens, personagens e fantasias, generosamente cedidos pelo autor do livro, ao virar a última página, estamos sozinhos. Chegamos no destino final do caminho que o escritor nos convidou a trilhar, pulsando com as emoções daquela aventura, com o sabor de belas frases e trechos marcantes ainda ali, se fazendo presente em nossa boca. Estamos sós, mas nos sentimos conectados com a nossa parte sensível, como se estivéssemos fazendo um carinho em nós mesmos.

E se essa sensação de companhia e aconchego que temos ao ler um livro fosse sentida enquanto estamos almoçando sozinhos, cuidando de um jardim ou caminhando em direção a uma convidativa sala de cinema?

Dizem que quem carrega a arte consigo nunca se sentirá solitário. Será que é a arte que realmente nos faz companhia ou é o olhar sensível e atento que a arte nos propicia que nos escolta na solidão?

Quando escuto uma música que gosto, uma emoção calorosa me acompanha. Não me sinto sozinho, por mais que fisicamente eu esteja. Naquele momento, em companhia de músicas, livros ou outras artes que me tocam, é como se o meu eu físico, meu corpo, estivesse em harmonia com o meu eu interno, minha alma, minha consciência. Me sinto tão zeloso e conectado comigo, que não consigo me sentir só.

A arte, em sua essência, apura a conexão por nós mesmos. Ela é uma ponte para conectar a nossa parte sensível e terna com a nossa parte física e descrente. Eu suspeito que, se tivermos esse olhar carinhoso e sensível que a arte nos desperta por nós mesmos, ainda que sem estar ouvindo uma música ou lendo um livro, viveríamos os nossos momentos sozinhos de forma menos desolada.

O que torna a solidão doída é a sensação de não ter ninguém. A arte é a prova de que estamos sempre conectados – não apenas uns com os outros e com artistas que nem estão mais aqui, mas com a grande consciência coletiva que nos habita.

VOCÊ É CAPAZ DE SUSTENTAR O TÉDIO (E VER O QUE ELE PODE OFERECER DE VALOR) OU ACABA PREENCHENDO OS VAZIOS COM A PRIMEIRA DISTRAÇÃO QUE APARECE?

Reencontrar-se

De tempos em tempos, precisamos nos reencontrar. Olhar para dentro e questionar se os nossos passos estão alinhados com o que o nosso coração pede. Será que ainda somos o que dizemos ser? Será que estamos aceitando o nosso destino? Será que estamos dando ouvidos aos pedidos do coração ou somente correndo freneticamente?

O nosso reencontro não deve ser com quem fomos, mas com quem precisamos ser. As memórias do passado alimentam a saudade, mas não matam a fome. Os bons momentos ficam em cômodos mais distantes, mas não somos mais a história que se passou naquela casa.

Esse reencontro é sobre acolhimento e sobre aprender a se amar novamente com todas as imperfeições que nos dizem respeito. Amar o outro é tão mais fácil, pois aguardamos um resgate. Queremos ser salvos! Quem irá nos trazer movimento? Quem irá nos aceitar antes de nós mesmos? Quem irá fazer por nós o que não conseguimos fazer?

Estar perdido dentro de si é uma dor que precisamos aprender a abraçar. Buscamos respostas concretas, mas sempre será sobre aceitar, seguir e acreditar. Não há garantia que pacifique o coração, não há certeza que possamos terceirizar.

Sempre seremos o que sentimos, não o que dizemos ser. E hoje precisamos sentir mais por nós mesmos.

Para isso, precisamos de tempo. A pressa é inimiga do reencontro, ela nos conduz a respostas fáceis e fórmulas mágicas. Precisamos de tempo. A sociedade quer nos entregar algo pronto para o consumo, algo que vá resolver o nosso problema logo e remover a nossa dor. Eficiência e pragmatismo não rimam com autoconhecimento. Lento: o processo tem o seu tempo, e ele é longo. Tempo de ócio, tempo de descanso, tempo para ficar de bode, para ser surpreendido por uma nova ideia, um ângulo inédito. Tempo para observar, encontrar, rever, desenterrar, absorver, decantar, desacelerar.

Reencontrar-se requer ir na contramão, não do tempo, mas da velocidade.

Grão

Sentado na areia, com os pés tocando levemente as ondas que vêm e vão, sinto a vastidão do mar diante de mim. Há uma solidão presente, mas não é o tipo que pesa. É uma solidão acompanhada de calmaria, daquelas que nos permite ouvir nossos próprios pensamentos e nos reconectar com nossa essência.

A brisa salgada acaricia meu rosto e, por um instante, o mundo parece desaparecer. Tudo o que resta sou eu, o mar e a imensidão do horizonte. Nesse exato momento, percebo algo fundamental: a verdadeira felicidade já está dada. Ela nos é intrínseca e está nos pequenos prazeres da vida. Não é preciso muito para sentir a alegria serena de estar vivo. Às vezes, basta uma tarde à beira-mar.

Se tivéssemos que botar na ponta do lápis, logo ficaria claro que a vida não é feita de grandes acontecimentos, mas de pequenos detalhes diários. Quantas pequenas maravilhas passam despercebidas dia após dia? O som das ondas quebrando na praia, o cantarolar distante de uma gaivota, a textura da areia sob os meus dedos. Tudo isso me faz lembrar que, no meio de tanta agitação e ruído, podemos encontrar paz e alegria nas coisas mais simples.

É fácil se perder na rotina, nos compromissos, nas expectativas. Mas quando paramos, mesmo que por um breve momento, para apreciar o mundo ao nosso redor, percebemos que a alegria está em todo lugar, uma alegria palpável e doce, não aquela que fica refém das grandes conquistas. Ela está no riso de uma criança, na canção de um músico de rua e, claro, na serenidade de se sentar na praia e apenas ser "praia".

Então, sempre que se sentir sobrecarregado, procure um lugar tranquilo, seja ele uma praia, um parque ou até mesmo um canto silencioso em sua casa. Respire fundo, sinta e permita-se mergulhar na beleza dos pequenos prazeres. Porque é neles que se esconde a verdadeira alegria de viver, esperando pacientemente para ser descoberta em um singelo grão de areia.

Uma amiga sincera

Por mais que ela nos apresente pensamentos perturbadores e sombrios, a solidão é aquela amiga sincera que nos ajuda a desvendar o que realmente pulsa dentro do nosso coração.

O encontro com a solidão deve ser um lugar temporário; um refúgio de introspecção que nos convida a olhar para dentro. Nesse mergulho interno, há encontro com o medo, mas também com muita beleza que surge desse caminhar. Quando nos permitimos estar sozinhos, é como se um portal se abrisse, conectando-nos ao nosso mundo interno e ao universo lá fora. É nesse espaço que encontramos nossos anseios mais profundos; sonhos e desejos que muitas vezes escondemos sob sorrisos e afazeres diários podem dar as caras e se expressar.

Dentro de nós, não precisamos seguir padrões ou buscar validação externa, pois é como se estivéssemos frente a frente com a nossa essência pura, sem máscaras. Dentro de nós precisa ser o lugar mais seguro, calmo, doce e gentil que existe. O mundo já nos apresenta tantos algozes, não é preciso nutrir outro dentro de nós.

Há beleza na solidão, uma beleza silenciosa e profunda. É quando a mente vagueia em memórias, revisitando momentos que forjaram nosso caminho. É quando o coração fala baixinho e podemos ouvi-lo claramente. E no meio desse diálogo íntimo, encontramos respostas que talvez estivessem escondidas nas distrações do dia a dia.

Não se deixe levar por sua aparência soturna, pelas sombras longas que ela costuma trazer. A solidão é a pura oportunidade de crescimento e encontro. Ela nos mostra que somos capazes de suportar a nossa própria companhia. Por meio dela, aprendemos a trilhar o caminho do autoconhecimento, que não tem destino certo. Nela, podemos chegar à compreensão de que a felicidade depende menos de quem está ao nosso lado do que de encontrar contentamento dentro de nós mesmos – quer estejamos sozinhos ou acompanhados.

Por isso, não tema a solidão. Abrace-a como uma amiga sincera. Deixe-se envolver pelo silêncio que a acompanha, permitindo que ele se torne um aliado na busca pela sua essência mais genuína. E quando o momento certo chegar, e você sentir vontade de compartilhar suas descobertas e experiências, lembre-se de que o mundo também é repleto de almas que anseiam por conexões verdadeiras, dispostas a caminhar lado a lado e partilhar o que têm de mais bonito.

A solidão não é um fim, é um meio para um recomeço, um abraço que nos envolve e nos lembra de que, para promover encontros verdadeiros uns com os outros, precisamos primeiro nos encontrar conosco.

Seja você quem for, não importa quão solitário,
o mundo se entrega à tua imaginação,
te chama como aos gansos selvagens, bruto e excitante –
anunciando, mais uma vez, o teu lugar
na família das coisas.

Mary Oliver

Parte 3

Sol de verão

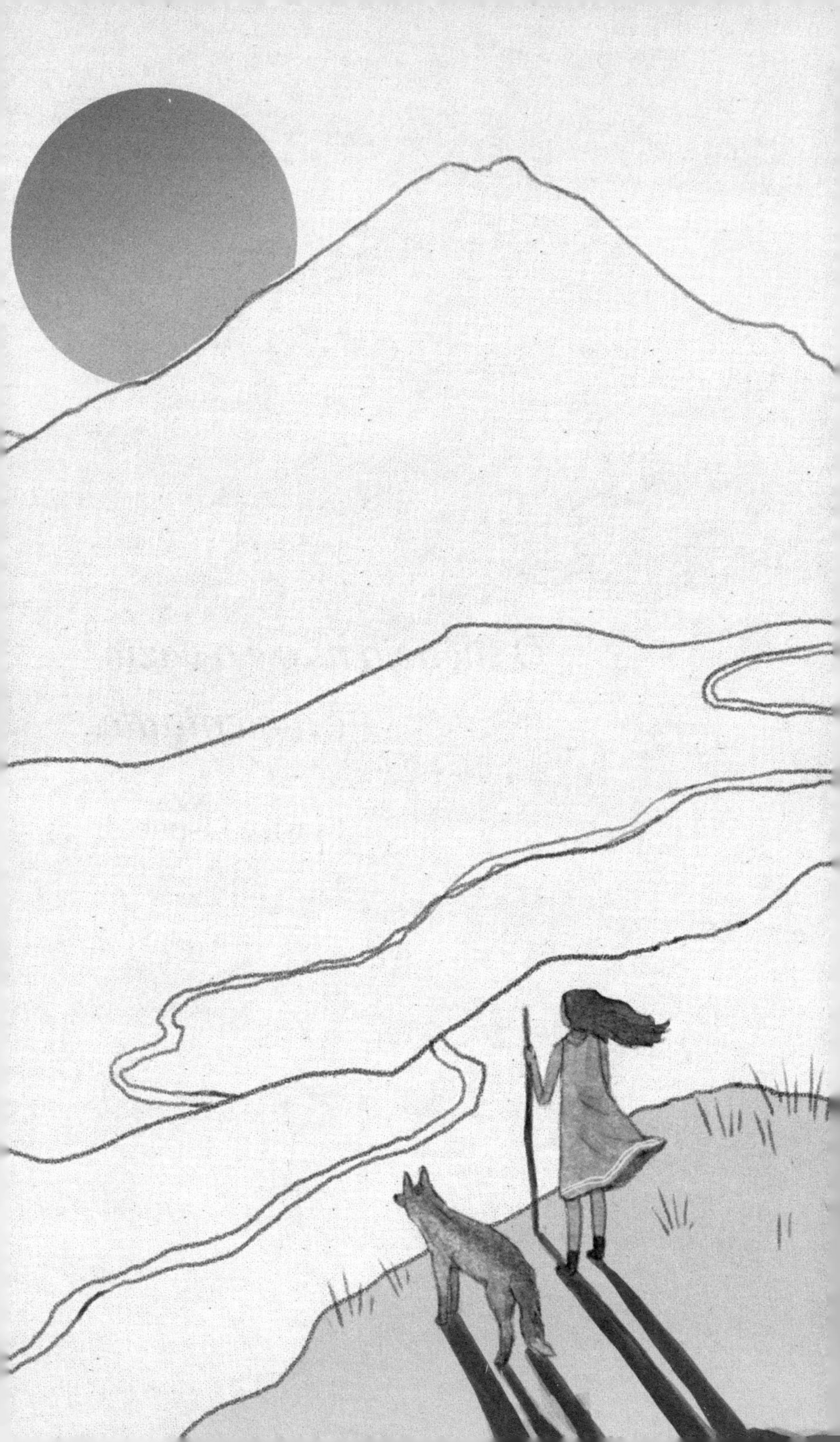

*O silêncio não é o vazio,
é a plenitude.*

Clarice Lispector

A dádiva de estar bem na própria pele

Enquanto eu estava terminando de escrever este livro, em outubro de 2023, saiu uma matéria na BBC alertando sobre a epidemia da solidão. Citando uma das maiores autoridades em assuntos de saúde pública dos Estados Unidos, o cirurgião-geral Dr. Vivek Murthy, a matéria lista os impressionantes riscos associados ao isolamento social: depressão, ansiedade, doenças cardiovasculares, AVC, demência e até morte precoce. Quando li a matéria, cujo título é "Há uma epidemia de solidão porque não nos atrevemos a passar tempo com os outros sem fazer nada", pensei: *Será que, ao escrever este livro, estarei fazendo uma apologia a algo que faz mal à saúde?*

Fiz uma pausa e a resposta do coração veio em seguida: não. A matéria fala em solidão, mas é o isolamento que é o verdadeiro vilão dessa história. Essa sensação de não pertencimento pode existir inclusive em contextos de interação social. Não, meu objetivo aqui não é romantizar o isolamento. Pelo contrário, o que sempre digo é que a familiaridade com a solidão – com os momentos a sós, com o silêncio, com o vazio – nos protege do isolamento físico e emocional que pode resultar da sensação de não estar bem na própria pele. A gente se isola e se retrai justamente quando não nos amamos e não nos conhecemos; quando a imagem que temos de nós mesmos é ditada por valores externos a ponto de não sabermos quem somos, só quem deveríamos ser. Ao nos separarmos de nós mesmos, nos separamos do mundo.

Estar bem na própria pele é pré-condição para conectar-se com os outros. Aliás, essa expressão é perfeita porque a pele é, literalmente, aquilo que separa o nosso interior do mundo fora de nós; é a camada delicada, porém resiliente, em que trocas são feitas entre o que é nosso e aquilo que é externo a nós. A pele é, também, o palco dos nossos primeiros vínculos. Descobri outro dia que o sentido mais bem desenvolvido no recém-nascido é o tato. É através do toque que ele aprende seus contornos, seus limites e conhece aqueles que serão sua base segura: os adultos que cuidam dele. Achei isso lindo, porque quando somos adultos e queremos conhecer intimamente uma outra pessoa, é por sua pele que ansiamos.

No verão, deixamos a pele à mostra. Em termos concretos, é a temporada em que removemos a roupa para suportar o calor e revelamos aquilo que costuma ficar coberto: joelhos, axilas, a unha do dedão do pé, calos, cicatrizes, estrias, celulites. Em termos simbólicos, podemos falar de vulnerabilidade. A solidão nos faz encarar os nossos aspectos mais vulneráveis e nos dá a oportunidade de acolhê-los. E o que é o amor-próprio senão a capacidade de aceitar até os aspectos menos amáveis de nós mesmos?

A solidão é, também, um convite para isso. Assim como o verão nos convoca a nos expor mais (e também a olhar o que foi desnudado nos outros), a solidão em sua manifestação veranil nos propõe uma tarefa que requer coragem: aceitar as imperfeições. É preciso estar bem na própria pele para aproveitar tudo que o verão – e que a vida – tem a nos oferecer.

Os textos a seguir vagueiam pelo território mais quente da solidão – o amor-próprio, a conexão, a plenitude –, mas sempre cientes de que o propósito de se amar não é a autossuficiência e, sim, a capacidade de se conectar com os outros e com o mundo em si de um lugar seguro e autêntico. Afinal, como nos lembra bell hooks "saber como ser solitário é central à arte de amar. Quando somos capazes de estar sozinhos, podemos estar com os outros sem usá-los como uma forma de fuga".

Hoje ouvi palavras que parecem ter vindo dos céus

Hoje ouvi palavras que parecem terem vindo dos céus. E quem disse que não vieram? Palavras descomplicadas, encantadoras e envoltas de esperanças, que pousaram sobre mim e disseram que eu não deveria me distanciar do amor que tanto busco nutrir por mim mesmo. Palavras esperançosas que foram sapatos confortáveis em uma caminhada de estrada de terra, sob um sol que parecia não se pôr.

    Essas palavras atiradas dos céus como flecha no meu coração me lembraram como ainda há espaço para redescobrir novas maneiras de me apaixonar por mim mesmo. Eu posso aceitar as cores que habitam o meu íntimo – até mesmo as mais sombrias – e deixar florescer um autocuidado que precisa continuar além da primavera. Por mais que carregue hiatos entre a visão insignificante que tenho de mim mesmo e o amor verdadeiro pelo que realmente sou, me apaixonar pela minha presença neste mundo é algo que sei fazer e posso fazê-lo com fervor. Principalmente porque sei que ninguém pode me amar por mim.

    Estou preparado para me observar com candura e também para aprender, por mais dolorido e repetitivo que seja. Por mais que muitas vezes tenha olhado para o céu e questionado o meu cansaço de sempre estar aprendendo e reservando pouco tempo para de fato ser feliz, continuo aceitando tudo o que necessito para me conhecer, me apreciar e me valorizar de verdade.

    Não quero dizer que me amo profundamente sem antes me conhecer. Caso contrário estaria amando uma imagem de mim mesmo e não o que realmente sou. Preciso descobrir quem sou, o que sinto e como sinto, observando todos os meus aprendizados com a gentileza necessária. Porém, olhar para trás com aprendizado é diferente de revisitar o passado com arrependimento. Não posso nunca culpar o meu "eu" não amadurecido somente para acarinhar meu "eu" presente.

Me apaixono pelos meus detalhes, caminho em busca do amor-próprio diariamente e gosto do cheiro da comida que preparo para mim mesmo. Momentos de reflexão como este são especiais para nutrir a esperança que tenho em descobrir um jeito calmo de me amar assim como vejo a vida. E essas palavras que recebi hoje foram de extrema importância para dar continuidade a essa linda jornada que é descobrir o amor-próprio e aprender a colocá-lo em prática.

Um doce devaneio

Hoje estava conversando com a minha psicóloga e, logo no começo da nossa conversa, disse a ela algo que me fez refletir profundamente e me motivou a escrever este texto. E antes de contar a você o que me fez refletir, preciso admitir que adoro a sensação de devanear com as coisas que eu mesmo digo. Sinto como se eu tivesse a capacidade de aprender comigo mesmo, além de aceitar em paz que muitas das respostas que procurei nos outros habitam constantemente em mim.

Mas voltemos ao ponto. Cheguei no consultório da minha psicóloga falando alto e contando as mesmas histórias que ela está cansada de ouvir, até que, como de costume, ela me perguntou como eu estava me sentindo naquela respectiva semana. Eu estava vivendo um momento extremamente difícil e triste – como ela já sabia –, mas o que eu respondi é que, apesar de tudo, estava com esperança de que tudo iria se ajeitar com o tempo. E continuei a falar como se não houvesse amanhã; tão bom poder falar sem sentir-se culpado por ter que coagir o outro a te ouvir.

Fim da sessão.

Fui dirigindo para casa alegre, contente, e entre um semáforo vermelho e uma música ruim na rádio, comecei a repensar na resposta que dei logo no começo da nossa sessão. Fiquei pensando: por que estou tão feliz, mesmo passando por um momento tão delicado e desolador na minha vida? Como era possível eu estar me sentindo tão bem, tão em paz comigo, ao mesmo tempo em que atravessava uma das situações mais tristes que já vivi? O que me fez estar radiante em um momento em que eu poderia estar à mercê da minha luminescência?

Eu não conseguia enxergar uma razão nem uma lógica por trás desse paradoxo. Era um mistério. Lembrei das tantas vezes em que eu estava bem, sem muito o que reclamar da vida, com tudo aparentemente resolvido, porém, carregava em mim poucas esperanças. No papel, estava tudo ótimo, mas dentro de mim, tudo estava apagado e sem cor.

Então, seria a minha felicidade companheira inseparável da esperança e não necessariamente da situação em que vivo? É como se, dentro de mim, eu soubesse que os ventos da mudança me guiariam para um lugar melhor. Ficou claro como a mera possibilidade de voltar a ser feliz já me parecia o suficiente.

Achei curioso como a esperança estava nutrindo mais a minha paz do que a situação em si. Reconheci a força transformadora de um raio de esperança, por menor que fosse. A esperança tem o poder de desencadear a perspectiva de um futuro mais feliz! Essa foi uma descoberta sorridente daquela simples terça-feira que carrego comigo até hoje. Esperança é um retorno seguro para si; um lugar interno que ninguém pode nos tirar. Por outro lado, é também algo que ninguém é capaz de criar por nós.

Precisamos confiar que as coisas acontecerão e se desenharão até as últimas páginas da história. Principalmente quando não temos controle sobre elas, sobre o vazio do tempo e a pressa de ser feliz. Podemos, sim, fazer o nosso melhor, suar a alma e as mãos, mas não podemos controlar a forma como a vida irá guiar os nossos esforços. Acreditar que, mais cedo ou mais tarde, ela irá nos retribuir sem colocar uma coleira no tempo é uma atitude sábia.

Viver é uma experiência de esperança, não de garantias.

Quanto vale um instante de pura conexão?

Esses dias me perguntaram se eu não tinha medo de morrer sozinho. E por mais que ame a minha própria companhia, como todo ser humano, tenho pavor de morrer e não ter ninguém para dizer que sentirá minha falta. Quero sentir que sou importante para alguém. E quem dera fosse somente este o medo que carrego comigo. Aliás, converso diariamente com todos os meus medos. E como eles falam...

Cada um dos meus medos carrega consigo um interrogatório diferente. Um deles, o mais agitado, não dorme sem perguntar a si, repetidamente, se um dia conquistará o que tanto sonha. Outro, mais pessimista e ansioso, se convenceu de que não é tudo o que esperam dele. E o mais inseguro deles não sabe se conseguirá tomar grandes decisões antes de a vida terminar.

O amor pela nossa própria companhia é uma dádiva conquistada com tempo e dedicação, mas existem lugares para o quais somente o afeto do outro pode nos levar. Lugares de conexão, compreensão, carinho e pertencimento. Devemos nos amar por inteiro, nos adoçar com a gentileza de um beija-flor, mas sem esquecer da capacidade de ser amado e de amar o outro.

A existência compartilhada é sempre mais encantadora, mas não podemos depender da sua chegada para aprender a saboreá-la. A vida vista como uma possibilidade de encontro me conforta, pois sei que um dia a companhia chegará. Mas até lá, em tom de amor sem medo, precisaremos aprender a sambar mesmo quando a música toca apenas em um lado do fone de ouvido.

Eu não inventei a solidão, mas diariamente descubro maneiras divertidas de lidar com ela. Acredito que faça parte da experiência de viver, lidar com o que nos pertence e ter esperança do porvir. Por isso, respeito minhas metades; metade alma aberta, outra metade, esconderijo. Pois, como uma amiga minha me disse esses dias: somos pessoas que desejamos falar sobre a vida, cantar, amar, mas também amamos nos esconder. Muitas vezes até de nós mesmos. Me senti compreendido com a fala dela. E poucas coisas nesta vida são tão boas como sentir-se compreendido. Tem gente que nos proporciona, sem aviso, instantes de pura conexão. Sem dúvidas, é o meu tipo preferido de companhia.

A SUA SOLIDÃO É UMA ILHA DE INTROSPECÇÃO OU UM OCEANO INTEIRO?

(ATENÇÃO PARA NÃO SE AFOGAR)

Sobre amores que partiram

Dos desencontros que a vida me proporcionou, poucos que dilaceraram mais do que os que não pude dizer adeus. Perder quem ainda amo para os céus, em um trem que fez por anos escala no coração, mas no último minuto não deu oportunidade de fazer uma parada nas palavras que ainda precisavam ser ditas, é uma dor impossível de expressar, muito menos de expulsar de mim. É uma dor que me habita, silenciosa e perene.

Eu nunca soube lidar com a despedida de uma pessoa querida que se vai. Eu finjo que sei, que entendo, que aceito como a vida se desenha. Finjo também acreditar piamente que o amor vivido compensa a dor inexplicável da morte. É melhor amar e perder do que jamais ter amado na vida, dizem. Mas meu coração não entende de despedidas.

Por isso, eu nunca deixo de dizer que amo quando a oportunidade cai em meu colo, pois sei que um dia terei que guardar o sentimento somente para mim, pois, quem amo não estará mais aqui para ouvir. Se ela se for, saberei dentro de mim que queimo de saudade, mas fiz todos os sinais de fumaça possíveis para avisar que eu estava ali

E a capacidade de poder proferir minhas emoções revela coisas lindas sobre como enxergo esta vida: sensível e profunda. As pessoas precisam ouvir que são amadas enquanto elas estão, de fato, naquele instante, sendo amadas de verdade e com todo o coração de alguém.

Eu vim a esta terra para pedir uma oportunidade de amar e me sentir amado. Por isso, não desperdiço meu tempo, pois sei que nada vale mais a pena nessa vida do que isso: o amor.

Por dentro, queimo de saudade, por fora, choro a morte. Lágrimas adubam o amor. Seja ele como for. E eu estive, não somente enquanto chorava, mas enquanto caminhava ao seu lado, construindo em nós uma história que, dentro de mim, nunca morrerá. E quem vive o amor nesta terra, sem dúvidas, vive um milagre. Ter a oportunidade de amar alguém nessa nossa passagem, uma mãe, um avô, uma irmã, um pai, um(a) companheiro(a), é desfrutar da maior potência que somos capazes de sentir e expressar.

Um amor de carne e osso pode até morrer, mas uma história de amor nunca morrerá.

Base segura

SE TEM UMA COISA QUE aprendi ao longo de uma vida de insegurança, ansiedade e muitos altos e baixos é que o amor-próprio é fundamental. E quando digo fundamental, estou pensando mesmo na raiz da palavra: fundamento, alicerce, chão. O amor-próprio é o nosso chão, aquilo que é sólido quando todo o resto parece líquido, incerto ou mutável. Sem ele, estamos perdidos, sempre buscando algo externo para nos dar firmeza.

O amor-próprio é, portanto, a base de uma vida que se propõe ser plena, autêntica e cheia de propósito. Quando amamos a nós mesmos, temos uma dimensão do que é, de fato, uma boa relação: uma troca marcada pelo afeto, a escuta, a gentileza, o diálogo, a humildade, o aprendizado. Só assim, com essas referências, é que somos capazes de nos relacionar com os outros de maneira saudável, tomar decisões conscientes e construir uma vida que nos faça felizes. O amor-próprio é, assim, um ingrediente essencial para a coragem e a confiança em si mesmo.

Quando não amamos a nós mesmos, somos mais propensos a nos comparar com os outros, a nos criticar e a nos subestimar. Isso pode levar a sentimentos de insegurança e inadequação, nos impedindo de alcançar nossos objetivos e sonhos. Sendo assim, o amor-próprio é um antídoto para a insegurança, pois nos ajuda a nos concentrar em nossos próprios valores, habilidades e potenciais.

O amor-próprio é o que nos ajuda a estar bem onde quer que estejamos. Quando amamos a nós mesmos, somos capazes de nos cuidar e de nos respeitar, independentemente das circunstâncias. Isso, por sua vez, nos ajuda a construir relacionamentos saudáveis e a encontrar significado e propósito em nossa vida.

Eu já sei o que você está pensando: saber que o amor-próprio é importante e realmente sentir amor por si mesmo são coisas muito diferentes. E isso é um fato. Também é verdade que não podemos fingir ter amor-próprio, repetindo frases baratas na frente do espelho ou postando fotos nas redes sociais com a hashtag #amorproprio. Eu adoraria dizer que é assim, tão simples, mas estaria mentindo.

Amar a si mesmo é algo que a gente precisa cultivar. A fagulha do amor-próprio está em nosso coração, mas a depender da pessoa, a centelha pode estar escondida embaixo de muita cobrança, insegurança, ansiedade, trauma e por aí vai. Outras pessoas têm uma chama mais visível e bem desenvolvida, precisando apenas de doses de oxigênio e carinho para transformar isso em algo gigante, que brilha e aquece não apenas elas mesmas, como muita gente em volta.

Não sei onde você está nessa caminhada. Se você já se conhece muito bem, tanto sua luz quanto sua sombra, ou se está apenas engatinhando na jornada do autoconhecimento. Se você já sabe nomear suas necessidades e seus desejos ou se está ainda separando o joio do trigo, descartando as narrativas que você introjetou como suas daqueles sonhos e desejos que de fato habitam em seu coração. Se você já sabe dizer não e impor limites ou se ainda tem dificuldades em desagradar os outros. Se você se aceita, se abraça suas falhas e imperfeições na maior parte do tempo, ou se não consegue parar de se sentir mal por não alcançar as ideias de perfeição que adotou.

Seja onde estiver, o amor-próprio é um caminho, não um destino. Não é algo que podemos alcançar de uma vez por todas, mas sim algo que devemos cultivar regularmente. É uma prática diária que envolve cuidar das nossas crenças e clarear nossos pensamentos, aceitar e entender nossas emoções, apreciar e valorizar o que temos e quem somos, se tratar com gentileza e compaixão.

O amor-próprio sempre será seu melhor companheiro. Quando você se ama e se respeita, é capaz de enfrentar desafios com coragem e confiança. Independentemente das circunstâncias, com o amor-próprio brilhando dentro de você, sua vida será muito mais interessante, plena e feliz.

Uma escolha diária

Quando meus leitores indagam sobre a minha insistência na importância do amor-próprio, eu respondo com convicção: é o único amor que está sob nosso controle. Não é possível controlar o que o outro sente por você nem o que você sente pelo outro. Podemos até tentar influenciar o nosso sentimento e nos esforçar para controlar as nossas emoções, mas o amor que temos pelo outro simplesmente vem (ou não). Ele é o que é, mesmo quando desejamos com todas as forças que ele vá embora (ou apareça). E ele está sempre reagindo e respondendo ao que o outro traz.

Por outro lado, o amor que carregamos por nós mesmos é criado e alimentado por nós diariamente – pelo menos deveria ser. Aquilo que direcionamos para nós recebemos na mesma proporção. Podemos nos dar gentileza e afeto ou críticas e cobranças. Para que nossa passagem por essa vida seja doce e calma, o que você acha melhor direcionar para si?

É fato que, de certa forma, estamos fadados a ser reféns de nós mesmos; sempre estaremos dentro da nossa cabeça, sendo para-raios dos nossos excessos, inseguranças e dúvidas. Mas, para que isso seja suportável, é preciso construir um ambiente interno saudável para ser capaz de pensar, amar e caminhar em direção a nossos desejos e projetos. Deixemos o caos para o externo, para os insensíveis, para os que tanto falam, mas pouco sabem ouvir o que lhes é dito.

Como qualquer aprendizado, amar a si mesmo exige um pequeno esforço diário. É como cuidar de uma casa. Se não estivermos atentos, a poeira se acumula, a bagunça toma conta. Olhemos, então, para nossa forma de falar com nós mesmos. Um cuidado com nossas emoções e necessidades: as físicas, emocionais, sociais e espirituais. Pequenas atitudes e olhares diários para deixar claro nosso respeito e apreço por nós mesmos.

Dentro de nós, precisa haver um lar regado de paz e aceitação, um porto seguro. Nesse cais consciente, podemos nos aceitar do jeito que somos e, principalmente, nos distanciar dos julgamentos e das palavras torpes que ameaçam nos impedir de nos tornar quem queremos ser. Precisa haver colo de mãe e conselho de pai na mesma proporção, para que nossa essência apareça e floresça. É o equilíbrio entre o aprendizado matinal e o sono do final de semana, esforço e descanso, crescimento e conquista.

Sede de mudança

DIVERSAS VEZES NA MINHA VIDA, senti a necessidade de me reinventar. E sempre que isso acontece, vivo um caos interno. Encorajado por uma mudança que vislumbro, mas nem sei por onde começar, deito na minha cama e tento argumentar comigo mesmo; grito – internamente, claro – que "preciso me reinventar". Como se, num passe de mágica, amanhã eu pudesse acordar completamente renovado, com todas as ideias de mudanças bem resolvidas dentro de mim.

Se fosse com qualquer outra pessoa, não falaria gritando. Encorajaria que tivesse calma, que deixasse o tempo trazer imagens e sussurros dos caminhos a serem seguidos, que confiasse no processo. Comigo mesmo, porém, o tratamento é outro. Por que somos tão competentes (e injustos) quando o assunto é a autocobrança? Esse olhar tão divino aos outros e tão cruel com nós mesmos é algo que, sem dúvidas, precisamos reinventar.

Para ser sincero, não gosto da palavra "reinventar", ela me traz um peso desnecessário. Você consegue perceber a bagagem e influência que a palavra *reinventar* tem? É como se precisássemos descobrir em nós um novo modo de agir, pensar, voar, do dia para a noite. É um pedido de emergência para nós mesmos, mas sem nenhuma aparelhagem e ambulância para nos salvar. Queremos um milagre, pois somos assim, pós-graduados, quando o assunto é a autocobrança. Sempre urgente, sempre desproporcional.

Aconselho a mudar a palavra. Substituir "reinvenção" por:

fazer algumas mudanças;

cuidar mais de mim;
experimentar novas rotinas;
focar no que é mais importante para mim, neste momento.

Assim, conseguimos diluir a pressão pela mudança e realmente agir dia a dia, sem a cobrança de ter uma ideia genial ou uma transformação divina. Onde está a gentileza com a realidade? Somos rotina, não milagre.

Eu já sei o que você está pensando: ninguém quer se reinventar durante os meses, ou anos, a gente quer e necessita da reinvenção do dia para a noite. A ideia genial, a rotina perfeita, a reinvenção que irá nos tirar da tão falada zona de conforto, a mudança que será a nossa virada de chave. Muita cobrança, muitas expectativas, muitas promessas para, na manhã seguinte, a gente passar a evitar os carboidratos, dormir mais cedo e ler mais páginas do livro na mesa de cabeceira. Mas e na segunda-feira que vem? E no mês seguinte?

Meu conselho, na hora de sentir que precisa mudar e chacoalhar a macieira cheia de emoções que nos habitam, é que você procure fazer isso com harmonia. A intensidade com a qual se cobra não é compatível com a velocidade necessária para que alcance seu destino com saúde, e que consiga ficar lá por mais do que alguns dias. Propor mudanças a nós mesmos sem a gentileza necessária é tão cruel quanto negar água a quem tem sede.

Sei que temos sede de mudança. Mas é preciso respeitar que nem sempre ela vem com a força de uma cachoeira. Às vezes, vem tímida, no ritmo de uma nascente, ou, pior, reticente, em formato de orvalho.

Mas se tenho uma certeza é esta: ela virá.

E se você fizer sua parte, não cedendo à pressa e às autocobranças, será muito melhor.

E SE SUAS IMPERFEIÇÕES NÃO FOSSEM MOTIVOS PARA SE ISOLAR, MAS OPORTUNIDADES PARA SE CONECTAR COM PESSOAS IGUALMENTE BELAS?

O que sempre fica para depois

Sentei para tomar um café na expectativa de criar um momento de pausa e prazer, mas minha mente está pipocando com tantas perguntas e paradoxos que resolvi escrever e, quem sabe, receber do universo a paz que procuro.

Uma das perguntas que insistem em levantar sua voz para mim hoje é: por que é tão difícil parar e me cuidar?

A importância de criar pequenos rituais de pausa e descanso, como esse momento do cafezinho que tanto aprecio, está muito clara na minha mente. Por tudo que li e estudei e, também, por me conhecer tão bem, sei do valor inestimável que essa pausa tem para o meu bem-estar e até para o meu trabalho, especialmente a parte criativa.

A ideia é simples: desconectar das cobranças e dos pensamentos automáticos e desfrutar do sabor e do ritmo reduzido desse pequeno ato sensorial: um cafezinho coado, na minha xícara favorita. Lamentavelmente, com mais frequência do que eu gostaria de admitir, não é assim que a banda toca. Eu acabo pegando o celular para responder a uma mensagem, postar um texto ou ver os stories dos amigos. De repente, vou dar um gole e percebo que é o último. E a mente segue acelerada, focada nas tarefas, produtiva (ao menos em tese).

O paradoxo é que a vida que escolhi é assim: exige de mim estar ligado o tempo todo, produzindo conteúdo, pesquisando, pensando e criando. Mas o que eu quero – para o bem da sociedade e o meu também – é promover a pausa, a saúde mental, o amor-próprio. E, para isso, sei que é imprescindível resistir ao ritmo frenético da máquina e adotar a pausa e os ciclos do humano.

A pausa, o ócio, a solidão, a comunhão com a natureza, um ritual restaurador, uma conversa olho no olho, um contato pele a pele: não existe autocuidado sem isso.

Mas o dia tem 24 horas e as demandas não param para tomar um cafezinho. Ainda vou descobrir uma forma de conviver com esse paradoxo.

Tesouro escondido

Talvez seja nas entrelinhas da vida que aprendemos a verdadeira importância de gostar da nossa própria companhia. É uma jornada que muitas vezes começa com pequenos passos, mas que, quando trilhada com coragem e autenticidade, pode revelar tesouros escondidos dentro de nós mesmos.

A verdade é que, em meio a todas as relações que cultivamos ao longo da existência, a mais essencial e duradoura é aquela que temos conosco. No entanto, nem sempre é fácil apreciar nossa própria presença. Vivemos em um mundo repleto de distrações e exigências externas e, em meio a essa agitação, muitas vezes nos esquecemos de valorizar o tempo que passamos com nós mesmos.

Aprender a gostar da nossa própria companhia não significa se isolar do mundo ou renunciar às relações interpessoais. Na verdade, é uma forma de nos tornarmos mais completos e autênticos em nossas interações com os outros. Quando abraçamos quem somos, com todas as nossas imperfeições e virtudes, conseguimos genuinamente nos conectar com o próximo.

Porém, esta é uma caminhada longa e diária. Em alguns momentos, podemos nos deparar com inseguranças, medos e reflexões difíceis. É nesse ponto que precisamos ser o nosso melhor pai, a nossa melhor mãe e o nosso melhor amigo. Assim como em uma amizade, estamos aqui para nós em todos os momentos, tanto nos momentos de alegria, quanto nos momentos de melancolia.

E, aos poucos, ao nos permitirmos viver em nossa própria companhia, começamos a perceber a beleza que reside em nosso interior. Descobrimos nossos gostos mais genuínos, nossos sonhos mais profundos e a força que existe dentro de nós. Essa jornada de amar o que há em nós nos ensina que somos capazes de ser nossos melhores amigos e aliados na busca pela felicidade.

Ao valorizar nossa própria companhia, também aprendemos a estabelecer limites saudáveis em nossas relações com os outros. Não precisamos nos perder na tentativa de agradar a todos ou de buscar validação externa. A confiança que cultivamos em nós mesmos nos permite tomar decisões alinhadas com nossos valores e nos afastar de situações e pessoas que não nos fazem bem.

E, gradualmente, essa jornada nos presenteia com um sentimento de liberdade. A liberdade de não depender constantemente da presença de outras pessoas para nos sentirmos completos e realizados. A liberdade de escolher nossa própria companhia, mesmo em meio à multidão. É quando compreendemos que estar sozinhos não é sinônimo de solidão, mas sim de conexão com nosso ser mais profundo.

Assim, aprender a gostar da nossa própria companhia é uma das maiores conquistas que podemos alcançar na vida. É um caminho que tem sabor de abraço forte em si mesmo. Quando nos tornamos nossos próprios companheiros, nos abrimos para um mundo de possibilidades e aprendemos a valorizar cada momento com gratidão e serenidade. E, dessa forma, nos tornamos mais completos para nós mesmos e para aqueles que compartilham a jornada conosco.

A alma quer brincar

A ALMA É FILHA DA AMBIGUIDADE. Sua casa não é nem a luz nem a sombra, mas o ponto invisível em que elas se encontram. É nos interstícios que ela habita e faz seu ninho de espetos e algodão, munindo-se da tristeza e da beleza em igual medida.

A alma é capaz de se deleitar com um lindo show de música, cercada de milhares de pessoas, e, no mesmo suspiro, chorar a morte precoce das crianças e jovens nas guerras mundo afora.

A alma é capaz de se dobrar diante da dor de uma perda e, na mesma batida, sentir o coração se encher de amor e gratidão pelo tempo vivido ao lado de quem partiu.

Solidão e conexão, dois lados de uma mesma moeda que gira eternamente, ora em ritmo lento, ora tão rápido que não dá para perceber onde um termina e o outro começa.

Enquanto o mundo externo pede a lógica, ordem e coerência da civilização, a alma anseia pela desordem incoerente e incompreensível do que é selvagem. A alma quer liberdade de rótulos e seus julgamentos morais; quer ser livre para sentir o que o universo traz, seja isso melancolia, euforia, serenidade, terror e tudo que existe entre os extremos.

As palavras pertencem ao mundo da razão, mas a alma tenta brincar com elas para expressar o que a lógica não alcança. Não é brincadeira de criança, mas é tão importante quanto ela.

O que eu quero é poder falar desses espaços sorrateiros onde as palavras se esquivam e a alma se farta; onde o amor se disfarça de indiferença, o desejo se veste de medo e as certezas se curvam diante da beleza das incertezas.

É preciso deixar a alma brincar, vez ou outra.

Felicidade com F maiúsculo

DEMOREI ANOS PARA ENTENDER QUE a Felicidade não precisa ser somente um grito de gol, mas que também pode se expressar no silêncio aconchegante de um cochilo com cobertas de lã. Na juventude, eu pensava que a Felicidade (com F maiúsculo, claro) era um tornado de estímulos prestes a chegar. Eu era adolescente, sempre em companhia de fones de ouvido, e ávido por novas experiências. Nessa época, eu seria capaz de jurar de pés juntos que a minha Felicidade andava de mãos dadas com a minha intensidade. Eram melhores amigas, inseparáveis. Eu pensava que para ser feliz eu precisava a qualquer custo desbravar o mundo, viver o agora como se fosse um único mergulho, caso contrário não teria feito jus à vida que tive.

Em muitas ocasiões, achei que se a Felicidade estivesse escondida no mundo dos números, ela estaria ou no oito ou no oitenta, mas nunca na casa dos quarenta. Não havia meio-termo na minha visão míope de Felicidade, ela nunca seria metade. Se eu fosse mergulhar em um momento feliz, ele deveria ser o auge das realizações, uma utopia a ser alcançada, uma corrida frenética em busca de estímulos e vivacidade.

Mudei.

Hoje, quanto mais o tempo passa e meus cabelos se despedem do meu couro cabeludo, sem remorso, vejo que a simplicidade e a calmaria estão sendo minhas companhias mais felizes. A intensidade deixo na gaveta. Não que eu não sinta mais um enorme entusiasmo e energia em certas experiências, mas o dia a dia é sereno e gostoso. Ser feliz no simples é reconfortante, pois sei que não preciso mais tanto dos grandes acontecimentos para me sentir feliz. Sem a obrigatoriedade do sucesso e das grandes conquistas, a Felicidade se tornou mais leve. E quando passei a perceber isso, vi que é algo que todos nós merecemos sentir.

Durante muito tempo, fizemos as coisas esperando elas acabarem. Vamos à escola esperando o dia de se formar, trabalhamos esperando o dia de se aposentar, começamos um projeto novo visando o momento de acabar, e tem até quem tire férias torcendo pelo dia de voltar para casa. O que aconteceu com o momento presente? O tempo de conversar com os colegas, de executar um trabalho bem feito, de explorar novas ideias, de conhecer lugares e pessoas novas? Longe de mim lançar algum conselho mergulhado na positividade tóxica – afinal, todos temos o direito de nos entristecer e de nos entediar com a rotina –, mas o que podemos fazer para as coisas não serem tão desgastantes assim? Como criar em nós, e no ambiente em que vivemos, um estado de espírito mais saudável?

Se dependermos apenas das grandes conquistas para encontrar a Felicidade, quantas vezes seremos felizes na vida? Se dependermos de trocar de carro, fazer uma viagem ou viver uma paixão avassaladora para aceitar o abraço da Felicidade, como serão os nossos dias? Encontrar a Felicidade no toque simples do cotidiano é repetir a Felicidade diariamente. Claro que experimentaremos doses e intensidades diferentes de Felicidade ao longo da vida, mas um dia recheado de prazeres simples e corriqueiros é tão merecedor do nome "feliz" quanto o dia em que conquistamos um sonho de vida.

Não desejar muita coisa não significa falta de ambição. Mas, se fosse isso, tudo bem também. Ser feliz com o que já se tem se parece mais com a tranquilidade que busco. Não busco mais dar trela à minha intensidade, como já fiz um dia. Entusiasmar-me é bom, claro, mas aninhar-me na paz que estou descobrindo nas conversas que tenho comigo antes de dormir é delicioso demais.

Mais maduro, mais realista, percebo que a Felicidade não é tão misteriosa e fugaz assim. Não é sobre buscar ser cada vez mais feliz, é sobre perceber cada vez mais a Felicidade que já está por perto. Eu a procuro dentro de mim. Dia após dia. Mesmo que nem sempre consiga achar. Mas sei que ela volta, devagar, mansa, como uma amizade que mesmo distante nunca se deixa faltar nos momentos que precisamos de um abraço de emergência.

Quando você vira a esquina
E esbarra em si mesmo,
Então saberá que virou
Todas as esquinas que sobraram.

Langston Hughes

Parte 4

Sol de outono

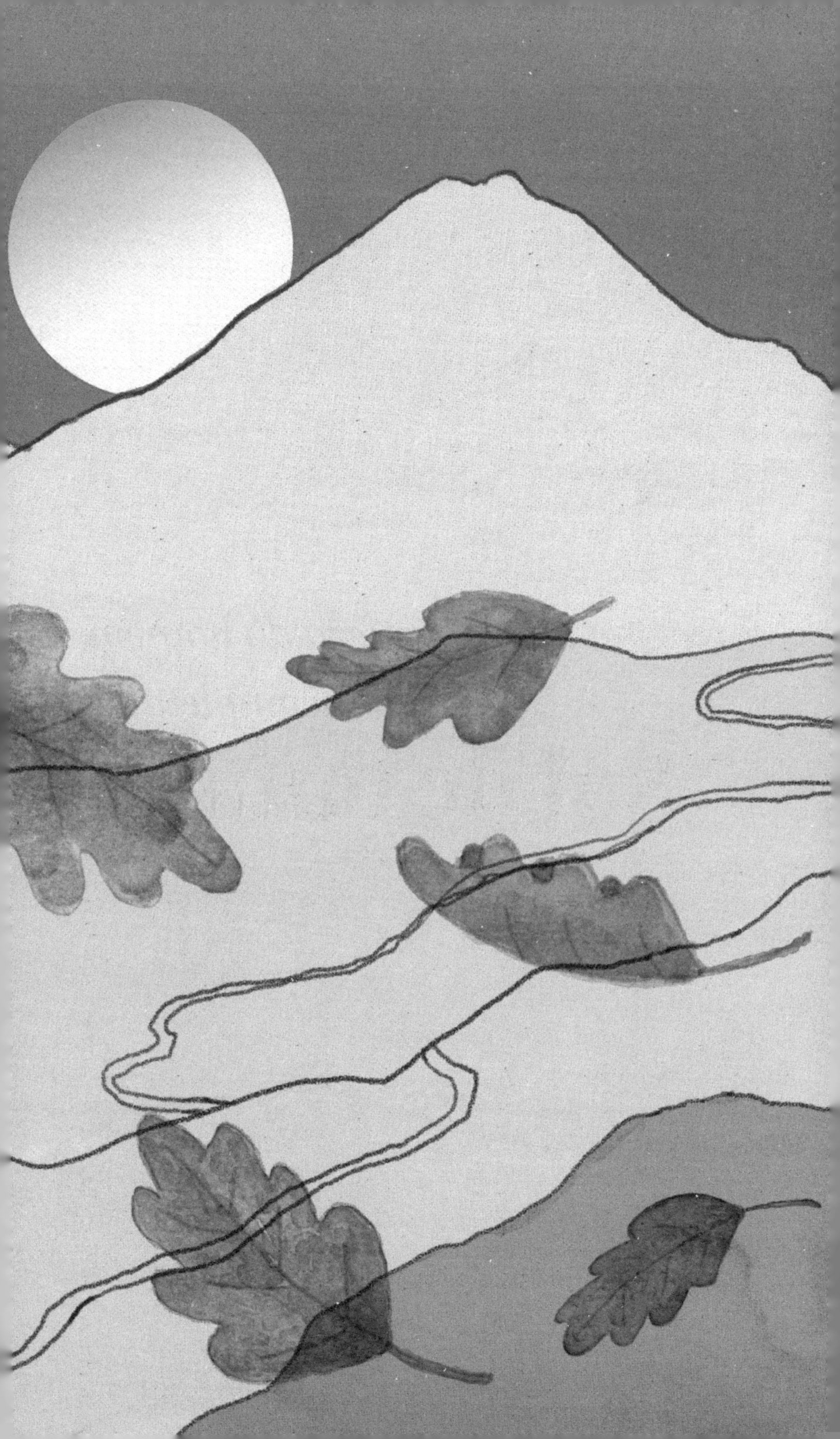

*A maior riqueza do homem
é a sua incompletude.*

Manoel de Barros

É solitário escolher o que deixar morrer

Por maior que seja o conforto que encontramos dentro de nós mesmos, a vida sempre encontrará um jeito de nos colocar em movimento. Muitas vezes, isso será por acontecimentos externos, que nos fazem encarar sentimentos de perda ou luto. Outras vezes, uma inquietação surgirá do fundo do nosso ser e, aos poucos, ela se transformará em algo mais sólido: uma consciência de que algo precisa mudar. Seja na esfera dos relacionamentos, do trabalho, ou até mesmo da geografia; em vários momentos da vida, percebemos que algo precisa mudar para que possamos chegar aonde a alma pede. Para o novo surgir, algo precisa morrer — ao menos simbolicamente. Como diz a psicanalista Ana Suy, "é preciso que alguma coisa nos falte para que possamos direcionar o olhar para além de nossa imagem".

É disso que se ocupa o outono. Assim como uma árvore renova suas folhas, desapegando das antigas e criando espaço para as novas, nós precisamos finalizar ciclos para seguir o fluxo da vida. E essas são escolhas que nós precisamos fazer por nós, não decisões que podemos terceirizar ou definir com base em fórmulas ou dicas de terceiros. A falta, a perda e a morte são experiências solitárias. São também inevitáveis e, apesar de duras, necessárias.

O que é o amadurecimento senão um processo de conscientização dessas mortes que constituem a vida? A gente mata a criança para tornar-se adulto. Claro que estou usando a palavra matar com licença poética. Não se trata, afinal, de uma morte definitiva. Mesmo sendo adulto, há momentos em que podemos reter a inocência e a leveza da infância. Mas há também que abandonar em definitivo a crença de que alguém vai responder ou cuidar de você. Para, de fato, assumir suas escolhas e tomar as rédeas da sua vida, você terá de se responsabilizar por seus atos e pela interpretação racional e emocional dos atos alheios. Isso é ser adulto.

E ser adulto é solitário. Crescer e amadurecer e descobrir que há coisas que não servem e precisam ser descartadas nos dá uma sensação de desamparo. Não temos a quem responder senão a nós mesmos. E quando um projeto desaba ou um sonho nos escapa, não temos mais a certeza que tanto nos confortava. Só nos resta habitar as incertezas que a perda nos deixou e decidir o que fazer daqui para frente.

Mesmo quando não temos controle das perdas que recaem sobre nós, temos escolhas a fazer. Cabe a nós decidir, por exemplo, o que fazer com essa nova realidade. Se algo despencou, o que fazer com as sobras? O que levar para o descarte e o que reaproveitar? Ainda faz sentido reconstruir aquele projeto ou sonho? Se sim, como? Se não, o que fazer com o espaço que ficou?

São muitas escolhas feitas de forma consciente, ou não, no tempo possível de cada um. A nossa vida é um ciclo eterno de construção e reforma, expansão e retração, conexão com o que está fora e com o que está dentro de nós, sendo gestado para nascer ou pedindo para morrer. Para que novos sonhos e projetos surjam.

Os textos a seguir são um convite a conversar com os aspectos mais outonais da solidão. Não é fácil nem cômodo desapegar (ou se libertar) de pessoas, ideias ou certezas que deixaram de trazer valor e sentido para nossas vidas. Mas, sem esse trabalho árduo, não há amadurecimento nem florescimento possível.

Domingo à noite

DOMINGO À NOITE. AH, ESSE momento tão único da semana, que traz consigo uma mistura de sensações. Pela janela, enquanto tomo um chá de hortelã, na expectativa de continuar escrevendo um novo livro, o mundo vai diminuindo a velocidade. Durante o tempo que leva para a noite cair, vai tomando forma dentro de mim um sentimento estranho, quase agridoce.

Sinto como se o domingo à noite fosse como um farol solitário no meio de uma tempestade. Ele brilha com uma luz de descanso e recomeço, mas, ao mesmo tempo, o escuro ao seu redor sussurra o convite de uma nova semana. É como se esse momento me convidasse a mergulhar no oceano das minhas mais íntimas reflexões e fazer um balanço dos últimos dias e, quem sabe, até das últimas semanas ou meses.

O domingo não é sinônimo de tristeza ou melancolia. Na verdade, para mim, é sobre recomeço e redenção. Uso o dia quase sempre para não deixar a vida passar diante dos meus olhos sem realmente parar para olhar. Estamos sempre correndo, sempre buscando, sempre esperando o próximo grande passo. E, nessa correria, muitas vezes nos esquecemos de olhar a vida com a serenidade necessária.

Esses pequenos momentos de clareza que encontro no domingo, sem dúvidas, me ajudam a encontrar a luz, mesmo nos dias mais escuros.

Assim, sinto o domingo à noite como o meu porto seguro, pois, como sempre digo, sei que cada novo amanhecer é uma nova chance de escrever a minha história, e cada pôr do sol é um lembrete de que, não importa o quão difícil seja o dia, sempre haverá beleza no final.

Preenchendo o vazio

SEMPRE QUE BUSCO AMAR ALGUÉM, me deparo com aquele vazio latente, que anseia por ser preenchido. Tomado por essa angústia, lembro que ela significa que ainda estou distante do amor que busco ter por mim mesmo. O amor do outro é sempre bem-vindo e extremamente necessário, mas não pode ser uma resposta pronta para uma fenda emocional ou um vazio existencial. O amor a dois merece ser vivido como uma descoberta, um acontecimento, como um arco--íris que nos dá a presença sem avisar na previsão de tempo.

Buscar amar o outro antes de amar a si mesmo é pedir para ficar refém do afago alheio. É acreditar que estamos completos, mas, na verdade, estamos sendo sustentados pela atenção e o afeto do outro. E quando esse amor se esvai, desanda por movimentos sutis do destino, nos vemos em um penhasco emocional diante do qual nunca havíamos nos deparado, que na verdade não foi totalmente deixado pelo outro, mas também pela distância que neste tempo criamos do nosso sentimento de respeito, admiração e carinho por nós mesmos.

Essa distância nos faz depender emocionalmente do outro e cria um medo de sofrer por uma nova experiência amorosa. Quem tem medo de amar não é somente porque sofreu por um desamor, mas porque não conseguiu reconstruir em si o seu amor-próprio após essa ruptura. Precisamos estar dispostos a trilhar o caminho do meio quando o assunto é se amar para conseguir receber amor novamente.

Nós deixamos de ter medo do amor quando aprendemos a amar. Se a gente aprende a cuidar de si, colocar gentileza no café da manhã, escuta no almoço e aceitação no jantar, aos poucos eliminando aquela voz ríspida e cruel do crítico interior, consequentemente, também será possível amar o outro de maneira mais afável. O amor-próprio não nos protege da possibilidade do amor do outro acabar e nos colocar frente a frente com a dor da saudade, mas, sim, nos traz compreensão e consciência quando – e se – ele acontecer.

Muitos buscam o amor fora de si para, depois, construir o amor-próprio, mas a ordem está invertida. É preciso primeiro construir ou fortalecer o amor-próprio para, então, estar realmente preparado para experimentar um amor saudável e enriquecedor com outra pessoa. Pois, quando nos amamos de verdade, nos sentimos seguros para sermos amados novamente, de forma inteira e sólida, com a entrega necessária que todos merecemos.

No silêncio, nossa luz pode brilhar

Ficar refém da solidão com a televisão ligada não é a mesma solidão defronte ao silêncio. Quando estamos sozinhos, mas munidos de tecnologias ou distrações, fugimos do encontro com nós mesmos. Estamos a sós apenas fisicamente, dentro de nós, estamos cercados dos fantasmas e das cobranças e das expectativas alheias.

O medo dos sentimentos que poderão surgir na solidão nos faz procurar abrigo no conforto dos barulhos que nos dão uma sensação de estarmos acompanhados. Uma televisão ligada com um programa familiar, uma música que preencha o ambiente, uma janela aberta para ouvir as conversas dos vizinhos. Mas por que terceirizar essa sensação de companhia se podemos tê-la com o nosso próprio ser? Não há problema em ter perto de si sons que lhe trazem conforto de vez em quando, mas a fuga constante dos sons que permeiam o silêncio representa uma grande ilusão.

Quando escutamos apenas os sons da solidão – o barulho dos carros passando, das gotas de chuva se aninhando na janela ou o próprio barulho linear que o silêncio faz –, somos obrigados a lembrar que somos seres solitários. Sentir o coração palpitar, sentir o som áspero das mãos passando pelo cabelo, ouvir cada respiração profunda e sucumbir aos barulhos dos carros que passam em alta velocidade pela avenida é respeitar os sons da solidão e repousar, com serenidade, na própria companhia. Na solidão, compreendemos que a companheira ou o companheiro que sempre desejamos está aqui, dentro de nós.

Precisamos assumir a responsabilidade de como nos sentimos quando estamos sozinhos. Sentir-se iluminado mesmo quando as luzes das companhias se apagam é um forte indício de que estamos criando nossa própria luminescência. Quanto mais me distancio de sentimentos inférteis e opto por ficar sozinho, mais percebo que estar sozinho é um movimento de aceitar os sentimentos que surgirão e conversar com eles abertamente. Como já disse, na profundidade de um tempo de solidão, nem sempre há fuga, mas encontro com a própria luz.

Por outro lado, acreditar que estamos sempre em contato com a luz é uma ilusão. Somente luzes artificiais nunca se apagam e não necessitam resguardar-se. Até o sol, uma das nossas maiores referências, precisa nascer e se pôr diariamente. Assim como precisamos da noite para amar o dia e do inverno para apreciar o verão, precisamos de momentos de escuridão para que nossos momentos mais luminosos possam surgir.

Não quero saber que deixei de ser amado

TEUS BEIJOS DE DESPEDIDA AINDA me doem. Admito que nunca sei o que fazer com um beijo de despedida; guardo para sempre comigo, na minha intimidade, ou finjo ser somente mais um beijo como qualquer outro? Gosto de me iludir, fazer malabarismos para fingir que ainda não acabou e, com isso, tentar ser feliz por mais alguns instantes, como quem adia o despertador para tentar dormir mais um pouco. E quem, nessa na vida, não merece um pouco mais de sono e amor?

Aceitar que terminamos sem nem sequer entender o porquê tira o sorriso dos meus olhos. Não gosto de saber quando as coisas irão acabar, mesmo reconhecendo que há um descompasso. Seria melhor que acabasse sem aviso-prévio, sem antecipação. Não me avise que irá terminar, não se despeça, não me acene no andar da carruagem, pois não sei lidar com o vazio do adeus, com o horizonte do sol que já se pôs.

Quando sei que deixarei de ser amado, antecipo a catástrofe do adeus sem viver o amor verdadeiro da despedida. E, como todo bom sofredor, padeço em silêncio. Mas no meu íntimo a mente vagueia, frenética, em busca de respostas que podem me trazer conforto, mas que, invariavelmente, me fazem sofrer ainda mais. Calado, vivo a dor da saudade antes de ela brotar, pois sei que não há palavras mágicas que façam o adeus se tornar presença de novo.

Dizem que é melhor amar e perder do que nunca ter amado alguém. Mas, arrebatado pelo último beijo, nocauteado pela certeza de nunca mais te ter nos braços, nenhuma célula do meu corpo é capaz de concordar com isso.

Será que alguém, em pleno ato de amar, sabe lidar com o adeus? Deitar na cama, olhar os pés cobertos, e acreditar que foi melhor assim? Melhor para quem? Sendo que, ao final, sempre quem fica sou eu. Fico ali, revirando meus sentimentos, tentando entender, mas sem criar teorias demais, para não sofrer pelo que não tem resposta. Busco evitar perguntas, para não sofrer pelas respostas que crio – pelos enredos que seduzem e torturam, sem nem ao menos refletirem a verdade –, mas, antes de enfim adormecer, vencido pelo cansaço, não posso evitar uma última:

Por que quem morre ao final das histórias de amor sou sempre eu?

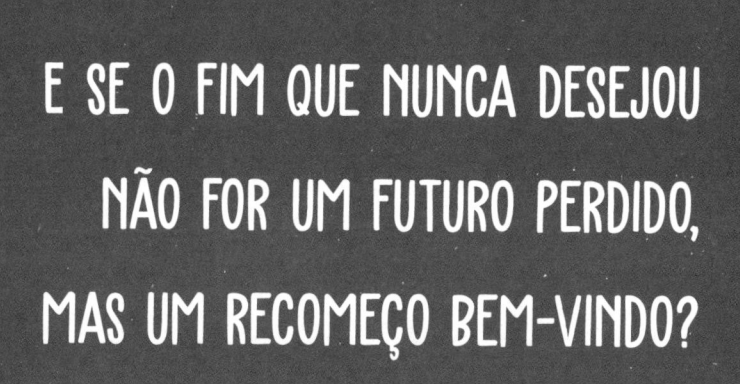

E SE O FIM QUE NUNCA DESEJOU
NÃO FOR UM FUTURO PERDIDO,
MAS UM RECOMEÇO BEM-VINDO?

Amar ou não me amar?

Tenho uma confissão. Às vezes, me questiono se me amo mesmo. Nessas horas, fico imerso em dúvidas cruéis, preso em pensamentos circulares. Será que, de fato, me amo ou apenas simulo o amor-próprio para sobreviver em um mundo que tanto me cobra palavras doces e astutas? Honestamente, tem dia que não sei.

Será que podemos nos amar sem ao menos nos conhecer profundamente?

É possível amar o que não conhecemos?

Sempre que digo que me conheço bem, a vida vem com passes de mágica impiedosos para escancarar que eu estava errado. Difícil aceitar que conheço mais a imagem que tenho de mim mesmo, do que o meu verdadeiro eu.

Aliás, quem é esse verdadeiro eu?

Será que ele existe mesmo?

Se sim, como descobri-lo?

Tenho a nítida sensação que digo que me amo mais para me convencer de tal amor do que, de fato, o sinto concretamente. O amor-próprio pode até nascer como uma ideia, uma meta, mas se não for vivenciado no dia a dia, não passa de ilusão.

Digo que me amo, mas nem sempre vivo como quem se ama. Não consigo cuidar de mim como quem ama claramente faria. Trabalho demais, durmo pouco, dou muito espaço para pensamentos que me torturam na madrugada. Também não sei dizer "não" às pessoas que me rodeiam; algumas me pedem um coração por inteiro e doam somente metade do próprio e eu aceito. Eu mereço me abraçar em primeira instância, eu sei, mas sempre que me priorizo, me sinto culpado.

Como ouso dizer que me amo se não me permito ser prioridade para mim mesmo?

Como ouso dizer que me amo se fui apunhalado pelas costas e ainda continuei a proclamar o meu amor eterno?

Como ouso dizer que me amo se chorei mais por saudade do outro do que por ter me perdido de mim mesmo?

Não tenho respostas boas a essas perguntas, mas gostaria de acreditar que o ato de fazê-las é sinal de que estou caminhando em direção a uma relação mais amorosa comigo mesmo. Uma coisa é certa: desse amor não desistirei jamais.

A paz virou minha bússola

Por muitos anos, eu fui movido pelo turbilhão dos dias agitados, pela pressa incessante e pelas alegrias intensas que, de alguma forma, pareciam preencher um espaço que eu ainda nem sabia que existia em mim. Buscava emoções em alta voltagem, aventuras que me tirassem o fôlego e relações que, mesmo intensas e apaixonantes, muitas vezes me deixavam com um vazio silencioso no final.

No entanto, pouco a pouco, comecei a valorizar os momentos de quietude, aqueles pequenos instantes em que o mundo parece suspender sua agitação e tudo se acalma, mesmo que brevemente. As manhãs lentas com cheirinho de café, as músicas que tocam baixinho e embalam meus pensamentos e sonhos, os banhos com as luzes apagadas e as conversas profundas e tranquilas que se desenrolam com quem amo.

Turbulências e tempestades, que para mim eram quase como marcas de honra de uma vida vivida intensamente, passaram a perder seu brilho. Em seu lugar, surgiu uma simplicidade doce; um apreço pelo silêncio e pela arte de estar verdadeiramente presente.

Escolher a paz não significa renunciar às paixões ou perder a agitação da vida. Significa, sim, escolher um caminho onde a calma e a tranquilidade não são apenas destinos, mas companheiros de jornada. Significa abraçar uma maturidade que não se reflete apenas em anos vividos, mas na sabedoria de saber o que realmente importa.

Chega um ponto em que a agitação constante e as montanhas-russas emocionais não fazem mais tanto sentido.

O coração anseia por mais, ou talvez por menos. Vai saber. Menos confusão, menos drama, menos joguinho, menos tempestade. Mais autenticidade, mais conexão, mais paz, mais verdade.

Visitando o passado

HÁ DIAS EM QUE MERGULHAMOS no passado para rever algumas felicidades que já foram nossas e, pelo curso natural da vida, deixaram de ser. Quando visitamos memórias de outros tempos, muitas vezes distorcemos a realidade: para os intensos, tudo soa maior e mais profundo; para os apáticos, tudo parece menor e completamente descartável, afinal, o que passou passou. O que parecia ser uma dor sem fim pode ser uma besteira ou, para os mais sensíveis, a maior besteira do mundo.

Visitar o passado salva a alma da desesperança, porém revivê-lo diariamente nos aprisiona na idealização. Gosto de mergulhar nas lembranças para relembrar como já fui feliz, gosto de relembrar o caminho.

Relembrar do passado não é um pedido aos céus para revivê-lo, mas um anseio honesto por momentos de alegria que hão de retornar algum dia, se tudo der certo. As experiências não serão iguais às que já ficaram na memória, nem terão os mesmos personagens, mas, de toda forma, serão felizes o suficiente para nos fazer sorrir sem pensar em demasia.

Ser feliz sem pensar, sem perceber a alegria nos invadindo feito um vento que passa por debaixo da porta, é a genuína e mais pura forma de aceitar a felicidade. Simples, doce, ela valseia no calor do verão e se faz acolhedora no frescor do outono. A felicidade é ponto de encontro entre nós e um instante de vida mágico que gostaríamos que fosse eterno.

A felicidade, porém, não cobra eternidade, ela pede instantes de entrega. Ela nos quer inteiros, distantes das autocobranças e dos julgamentos.

De fato, revivemos o passado, pois precisamos acreditar que ainda é possível sonhar como já sonhamos, amar como já amamos, se entregar como um dia já nos entregamos à vida. Se não podemos adotar a esperança como nossa companheira de caminhada, o que será de nós? Se não perdoarmos a nós mesmos e aceitarmos a humanidade de quem não foi lá muito humano com a gente, o que aprendemos sobre compaixão? Se não podemos rir das desgraças e ansiar pelo novo após entardecer, como iremos continuar?

Lembrar o que vivemos nos inspira a aceitar o que ainda podemos viver.

Buscando sentido

Outro dia, li em algum canto das redes sociais uma frase que me caiu como um soco no estômago: "Eu acho que o sentido da vida é permitir que nosso coração seja partido". A frase é do poeta Stephen Levine, considerado um especialista em perdas e lutos.

Meu primeiro impulso foi rejeitar veementemente a frase. Desconheço dor maior do que um coração partido – seja por um término de relacionamento, um falecimento ou a morte de qualquer sonho ou esperança. A vida não seria bem melhor se pudéssemos prevenir os corações partidos? E já que podemos tratar dores de estômago e de cabeça sem nenhum efeito colateral, por que somos obrigados a suportar as dores emocionais?

Lembrei então de tudo que experimentei ao amar intensamente e o tanto que cresci e amadureci com os términos, por mais dolorosos que tenham sido. Pensei também que o coração precisa partir para nos revelar o seu conteúdo. Um coração muito protegido, com muros altos e arame farpado por cima, não deixa muita coisa entrar. O coração cheio de luz, de afeto, de potência é aquele que se deixa permear. É o coração que sente e se permite sentir; que se conecta, não apenas com pessoas seguras e familiares, mas com estranhos, com o que lhe é estranho.

Se a gente passa a vida se protegendo da dor de um coração partido, construindo muros altos para evitar ser dominado, nos fechamos também para novas experiências, amores e aventuras.

O coração fértil e forte não é inquebrável. É aquele que sabe que, se quebrar, não será o fim do mundo. Nem o fim da vida. Pois dentro dele existe um bálsamo reparador que o tornará ainda maior e mais potente depois da fase da reconstrução. Esse bálsamo é o próprio amor. O amor por si mesmo, o amor por quem se foi e o amor pela vida, que aumenta a cada experiência que pode ser vivida e saboreada por inteiro.

Triagem do coração

No decorrer do tempo, a maturidade traz um aprendizado lindo e sensível que chamo de "triagem do coração". Aumenta-se o apreço pela própria companhia, por tudo aquilo que desejamos e valorizamos, e diminui-se a disposição de aceitar qualquer coisa. Quando nos conhecemos e escolhemos nos amar mais, passamos a selecionar melhor quem gostaríamos de ter ao nosso lado. A quem gostaríamos de proferir palavras de amor? De quem seria interessante manter distância? As respostas a essas perguntas passam a vir com mais naturalidade e menos culpa.

Saber selecionar as pessoas antes de se envolver com elas é a melhor forma de evitar sofrimentos desnecessários. Porque tem gente que nos desperta para a reflexão e para o crescimento – e outras que só servem para nos machucar ou nos diminuir, mesmo quando a intenção é outra. Hoje não faço mais questão de ficar perto de pessoas que sugam e criticam – sem embasamento – os meus princípios e a maneira como vejo o mundo. Tenho pouca disponibilidade para pessoas que insistem na obviedade do erro e tomam suas certezas como verdades universais. Gente que se preocupa demais com as aparências, que vive de acordo com cartilhas prontas, que têm mais respostas prontas do que perguntas interessantes também têm pouco espaço no meu dia a dia. Para não falar daquelas que sentem um prazer cruel em procurar e cutucar nossas feridas, sem o menor pudor. Faz sentido dar o que temos de mais precioso – nosso tempo e nossa atenção – para pessoas assim?

A triagem do coração não precisa ser drástica nem definitiva, mas ela deve, sim, ser universal. Seja no amor romântico, na amizade ou até mesmo na família, é preciso olhar com coragem e honestidade para as pessoas que permitimos entrar na nossa intimidade e garantir que não estejamos nos expondo a relações abusivas, tóxicas ou de mão única. Sei que parece triste ou extremista se distanciar de quem fez parte da nossa vida, mas a fronteira entre o "dever" e a paz interior é uma linha muito tênue.

Estar próximo de pessoas que emanam uma energia parecida com a nossa é uma das saídas mais bonitas para encontrar paz e vivenciar amor-próprio.

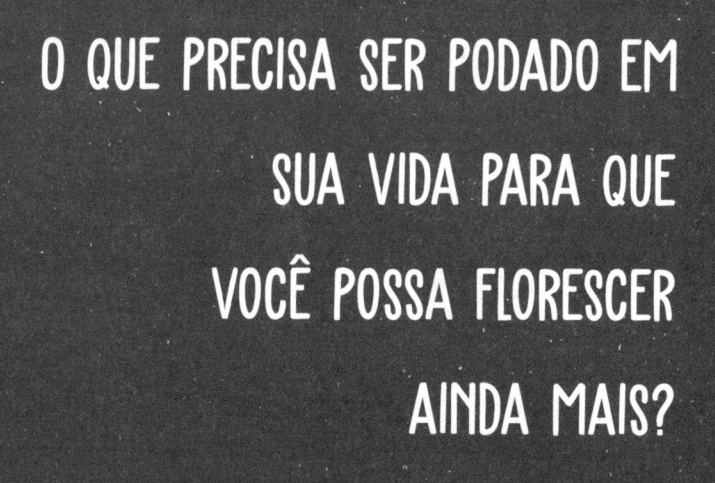

O QUE PRECISA SER PODADO EM SUA VIDA PARA QUE VOCÊ POSSA FLORESCER AINDA MAIS?

Onde fica o caminho da paz?

PASSEI ANOS BRIGANDO COM MEUS pensamentos, tentando silenciá-los, controlá-los. Mas quem disse que seria possível domá-los? Foi então que percebi: talvez a paz não esteja em calar todos os meus sentimentos, mas em aprender a dançar com eles.

Ainda sinto aquela intensidade que por anos me assustou. Pensamentos me atravessavam e me deixavam perdido em meio a uma confusão que parecia não ter fim. Uma turbulência emocional que me tirava do chão, me agitava, me inquietava.

Quando os pensamentos ficavam assim, agitados, sentia que o que eu precisava estava logo ali, um passinho além da minha consciência. Eu buscava algo que não sabia o que era. Sabia apenas que precisava encontrar um jeito de acalmar a minha mente. Era como sentir saudade de um lugar que nunca visitei, uma lembrança de paz que não sabia se já tinha experimentado antes, muito menos se (e como) poderia alcançá-la.

Eu tentava entender o porquê de me sentir assim. Pensava demais, sentia demais. Era como se houvesse uma tempestade dentro de mim que eu não conseguia controlar. E tudo o que queria era encontrar a calmaria depois de tanta chuva sobre minha cabeça.

A paz que busco hoje não é ausência de conflito, mas aceitação. É entender que a turbulência faz parte de quem sou, e que está tudo bem em sentir medo, dúvida, tristeza. Esses sentimentos não são inimigos, mas mensageiros que me mostram o que preciso enfrentar, curar e entender.

Dizer que é fácil seria mentira. Essa busca é um caminho cheio de altos e baixos. Mas eu sigo, porque hoje sei que a paz que busco está dentro de mim.

Há dias em que acho que ela me escapou. Mas logo a reencontro. A cada passo, a cada tropeço, a cada pensamento confuso, eu aprendo um pouco mais sobre mim mesmo. Aprendo que posso ser mais gentil comigo, que posso me dar espaço para errar, para sentir, para ser. E é nessa consciência que reside a paz.

Saber que a verdadeira paz existe me conforta. Ela não é um sonho distante, não é uma ilusão. Ela é real, tangível, possível. Não é um destino, é um caminho. A paz que busco é o amor que tenho por mim mesmo, e é a aceitação de tudo o que sou. E essa é a verdade mais simples e mais profunda que já descobri.

O peso das mágoas passadas

Já passei muitas horas da madrugada refletindo sobre as mágoas que eu queria tanto deixar no passado, mas não conseguia. Sei que não estou sozinho nesse sentimento ambíguo como o perdão. Muitos concordam que perdoar é louvável, mas a maioria de nós encontra uma resistência interna quase intransponível na hora de transformar intenção em ação. É uma daquelas coisas que são infinitamente mais fáceis pregar do que praticar.

Afinal, por que é tão difícil perdoar alguém que nos magoou?

Penso que é porque perdoar envolve dois passos igualmente desagradáveis. Primeiro, é preciso revisitar um evento que nos marcou de forma negativa e, assim, reviver a dor aguda associada a algo que essa pessoa fez (ou deixou de fazer) para nós. Mesmo quando conseguimos ficar a uma certa distância do nosso sentimento, empatizando com o outro, procurando entender a motivação dele ou, até mesmo, minimizando a nossa reação, a verdade inegável é que doeu em você. E, muito provavelmente, segue doendo.

O segundo passo do perdão também é bastante difícil: o desapego. Para perdoar, a gente precisa soltar aquilo, deixar ir. E, muitas vezes, aquele rancor, aquela raiva, aquela sensação de superioridade moral é tudo o que temos para nos conectar àquela pessoa. E, muitas vezes sem termos consciência disso, não perdoamos para não cortar esse vínculo por completo.

Perdoar envolve perder. E se não reconhecermos como é difícil perder, dificilmente conseguiremos perdoar.

Por outro lado, vale lembrar que o perdão é um nó desatado; ao soltá-lo, você descobre que faz fluir novamente uma água parada, pesada. Por mais que envolva dor e perda, quem perdoa é presenteado com um coração mais leve, pronto para receber e oferecer muita vida e beleza.

Meu universo particular

Sempre que me relaciono com alguém e começo a sentir que, além de dividir beijos demorados e piadas de qualidade duvidosa, vamos passar a dividir boa parte do tempo (juntar as escovas de dentes etc.), digo a seguinte a frase: quem respeita a minha solidão, sempre terá o melhor de mim. E o que quero dizer com "melhor de mim" é que quem sabe respeitar os meus momentos de quietude saberá também respeitar o meu ser e, consequentemente, terá passe livre para as minhas emoções.

Faço questão de avisar porque nem todo mundo tem essa mesma necessidade de isolamento e introspecção do que eu.

Desde que me conheço por gente, sou este misto de vontade de voar até o topo da montanha e declarar as minhas emoções aos quatro ventos, com um forte impulso de querer sumir do mundo para criar as minhas artes sozinho. Vivo assim: entre o desejo de amar de peito aberto e me esconder do mundo. Necessito mergulhar na minha intensidade em silêncio para ver emergir meus escritos, músicas, livros, ideias e sonhos. Enquanto escrevo isso para você, estou em solidão, sentado na minha sala, dialogando com meu mundo interno. Completamente conectado comigo, para conectar você também a mim. E se alguém quiser competir com esse meu ritual, o que será de nós?

Nas relações em que mergulho, gosto do abraço quente, da respiração perto da nuca, dos apertinhos nas mãos, mas, na mesma proporção, gosto de fazer pausas dessa proximidade prolongada. Aquela fusão absoluta de alguns casais, que muitos veem como romântica e invejável, para mim não é uma opção. Um exemplo: andar de mão dadas por mais de três minutos para mim é um sacrifício que ainda não consigo explicar de forma clara. Sinto como se eu mexesse demais as mãos ao falar para aquietá-las sob outra mão. É até um pouco triste admitir, para uma alma romântica como a minha, que no meu mundo interno nem sempre caberá nós dois; preciso do meu universo particular.

Mesmo assim, deixei muitas mãos pousarem sobre as minhas. Mãos que sofreram comigo, que cuidaram de mim, que me amaram, mas que também mentiram para mim. E tudo bem, quem nunca mentiu para sentir-se mais interessante do que se julga ser. Não julgo, mas também não trago novamente para o meu lar. Por isso, muitas vezes, escolho a solidão. Pois, quando brinco de reler as histórias em que morro no final, me questiono como consegui deixar almas tão pesadas deitarem na minha cama?

E por mais que o peso dessas pessoas ainda habite um pouco em mim, não posso deixar que ele me distancie da esperança que tenho nas pessoas. Não posso amar a solidão a ponto de não saber mais abrir minhas emoções aos outros. Pois, convenhamos, fingir que amamos a solidão por uma incapacidade de socializar é um jeito muito pobre de viver.

A solidão por não ter ninguém é dolorida e prazerosa ao mesmo tempo. É prazerosa, pois aprendo a me amar e disponho do meu tempo inteirinho para realizar os meus próprios sonhos e vontades. É doloroso porque sonhar e realizar junto é muito especial. Fora de um relacionamento amoroso, aprendemos a nos priorizar, e isso é libertador e delicioso. Criamos rotinas que são saudáveis, que nos fazem bem, e olhamos no espelho cientes que ninguém irá nos salvar além de nós mesmos (e isso traz uma paz indescritível). Por outro lado, com quem divideremos as nossas conquistas? Qual carinho nos falta antes de dormir? Cadê o corpo quente para se enroscar com o nosso, a presença sólida que todos os sentidos recebem e celebram? Será que alguém ainda gostaria de nos ouvir?

Aprendemos a viver sem alguém, mas não devemos nos acostumar a viver sem ninguém. A solidão é uma condição da qual extraímos beleza e força, mas não pode ser usada para nos proteger do sofrimento para sempre. Acreditar que escolher ficar sozinho pode nos proteger do pavor de sofrer novamente é uma triste ilusão. Porque os encantos de estar junto não podem ser substituídos por prazeres solitários. Ambos são importantes e igualmente necessários para uma vida feliz – pelo menos para mim.

Portanto, caminhemos pela solidão com calma e paz, mas não deixemos de nos conectar com as flores no caminho.

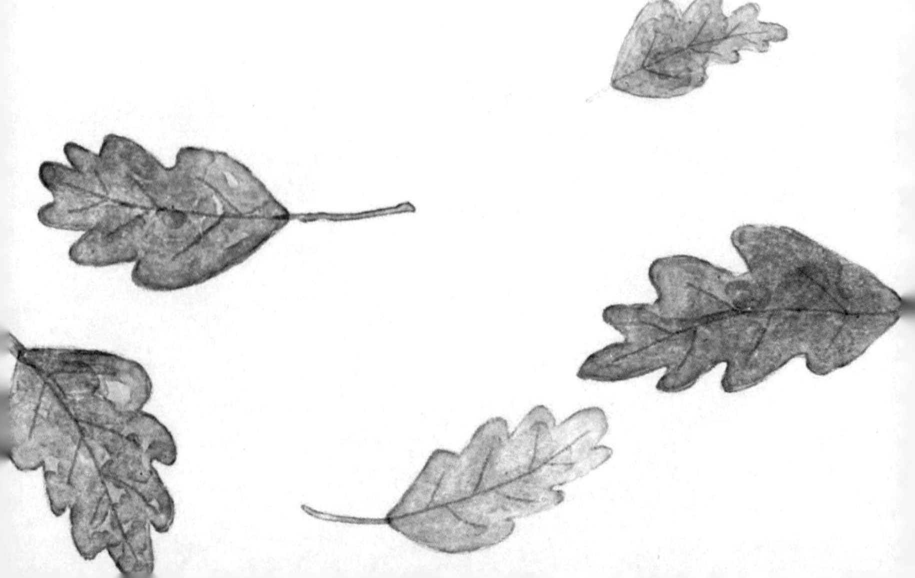

Cada um de nós está sozinho no coração da terra
atravessado por um raio de sol:
e, de repente, é noite.

Salvatore Quasimodo

Uma última mensagem

Meu objetivo com este livro, escrito em tom de moradia, foi trazer acolhimento e reflexões sobre um tema que nos acompanhará até o fim desta vida: a nossa condição solitária. Para citar a incomparável Clarice Lispector: "E ninguém é eu, e ninguém é você, esta é a solidão". Por mais que vivamos em sociedade, mais ou menos conectados com outras pessoas, construir um lugar de tranquilidade dentro de nós é fundamental, pois, o mundo exterior nunca irá nos garantir a paz que podemos acessar internamente.

Abraçar o vazio e gostar da própria companhia são passos lindos rumo a uma forma mais leve e profunda de experienciar a vida. Conheceremos dias tristes, repletos de dor e de injustiça, mas cabe a nós aceitar as estações mais duras da vida com maturidade. Dias felizes também surgirão, repletos de afeto, alegria e realização. Mas não podemos nos esquecer de que eles são igualmente passageiros. Portanto, desfrute de cada momento de felicidade sem a expectativa de sua permanência. E nos dias tediosos, aqueles de normalidade e calmaria, procure o contentamento dentro de si. Pois é dia a dia, no encontro simples do cotidiano, que descobrimos que somos, de fato, suficientes. Mesmo com nossos vazios e nossas imperfeições, e apesar das eventuais desconexões que experimentamos nessa tarefa emocionante (e, às vezes, enervante) de viver em sociedade.

Espero que este livro tenha sido um bom companheiro nos seus momentos de introspecção. Que as palavras aqui compartilhadas ecoem em você, trazendo luz e paz no caminhar da sua própria companhia. E, ao virar esta última página, espero que você sinta que esta casa também é sua.

Referências

Veja abaixo alguns dos conteúdos que citei ou consultei ao longo da escrita deste livro.

Textos

"Há uma epidemia de solidão porque não nos atrevemos a passar tempo com os outros sem fazer nada", Ronald Ávila-Claudio, BBC Mundo, 5 de outubro de 2023. Acessado em 20 de outubro de 2023.

Livros

A gente mira no amor e acerta na solidão, Ana Suy (Paidós, 2022)
Let your heart be broken, Tina Davidson (Boyle & Dalton, 2023)
O poder curativo das relações humanas, Vivek Murthy (Sextante, 2022)
Silêncio: na era do ruído, Erling Kagge (Objetiva, 2017)
A vida em análise, Stephen Grosz (Zahar, 2013)

Poemas

A verdadeira alquimia, L. E. Bowman
Solidão, Rainer Maria Rilke
Gansos selvagens, Mary Oliver
A última curva, Langston Hughes
E, de repente, é noite, Salvatore Quasimodo

Impressão e Acabamento | Gráfica Viena
Todo papel desta obra possui certificação FSC® do fabricante.
Produzido conforme melhores práticas de gestão ambiental (ISO 14001)
www.graficaviena.com.br